Les jeux vidéo, ça rend pas idiot !

Yann Leroux

Collection « Stimulo »,
dirigée par Philippe Bultez Adams
Édition : Florence Devesa

Imprimé en France sur les presses de l'imprimerie France Quercy

ISBN : 978-2-916571-86-7

contact@fypeditions.com
www.fypeditions.com

éditions
fyp

Cet ouvrage a reçu le soutien du Conseil régional
du Limousin et de la DRAC du Limousin.

Yann Leroux

LES JEUX VIDÉO, ÇA REND PAS IDIOT !

ISG
INTERNATIONAL BUSINESS SCHOOL

Collection
STIMULO
matière à PENSER
matière pour AGIR

éditions fyp

DR

Biographie

Yann Leroux est docteur en psychologie et psychanalyste. Il étudie depuis de nombreuses années la dynamique des relations en ligne. Membre de l'Observatoire des mondes numériques en sciences humaines, son expérience de joueur l'a amené à porter un autre regard sur le jeu. Il contribue, dans la lignée de psychanalystes comme Serge Tisseron, à porter un autre regard sur les médias. Inventeur du mot « digiborigène », on le trouve sur Azeroth et sur des plateformes comme Twitter ou Facebook. Il a créé le blog de référence Psy et Geek(*).

(*) www.psyetgeek.com

Sommaire

Introduction

En une poignée d'années, les jeux vidéo se sont positionnés comme une des locomotives de l'économie numérique. Ce succès tient pour une part à des logiques de marché que les éditeurs de jeux savent habilement exploiter. Mais cette explication n'est pas suffisante pour expliquer la transformation d'une activité autrefois réservée à une poignée d'adolescents, en un univers culturel qui dialogue avec les autres médias et en loisir privilégié de toute une génération. Le jeu vidéo a pu prendre cette place grâce à ses qualités propres. Il est devenu un média incontournable parce qu'il est un objet de plaisir pur.

– 1 –

Idées reçues sur le jeu vidéo

Quand les jeux vidéo ont commencé à sortir de leur ghetto culturel et sont devenus une industrie, ils ont fait l'objet d'une attention accrue des médias et de la recherche. Ce sont surtout les inquiétudes qui ont d'abord motivé cette attention. De la même façon que l'on s'est beaucoup interrogé sur l'impact des programmes de télévision sur les enfants, on s'est posé la question de l'effet des jeux vidéo sur leur développement psychoaffectif. Mais pour la télévision comme pour les jeux vidéo, le regard qui est posé sur un média n'est pas neutre.

1- Les rhétoriques du jeu vidéo : progrès, pouvoir, identité, self

L'anthropologue Brian Sutton-Smith a apporté d'intéressants développements à la théorie du jeu. Avant lui, le jeu était compris comme une activité en marge de la vie courante. Brian Sutton-Smith montre que l'activité ludique est toujours entourée de discours. Si le jeu est bien une marge, c'est une marge qui a des liens avec les autres activités humaines. Des rhétoriques l'accompagnent, le préparent et lui donnent sens. Par rhétorique du jeu, Brian Sutton-Smith comprend un « discours persuasif ou [une] narration implicite, plus ou moins volontairement adapté par les membres d'un groupe pour persuader les autres de la véracité et de l'intérêt de leurs croyances »[1]. Il s'agit donc d'affirmations qui justifient dans une société des idées sur les jeux et qui orientent les recherches faites à son sujet. Ces rhétoriques sont liées au destin, à l'apprentissage, au pouvoir, à la frivolité, au progrès, à l'imaginaire et à soi. Elles sont des manières qu'ont les groupes de négocier et de s'approprier le jeu. Elles dessinent les territoires et les valeurs de l'activité ludique.

Pour Brian Sutton-Smith, chaque type de jeu appelle un discours particulier. Les jeux des enfants, qui ont le plus retenu l'attention des commentateurs, appellent une rhétorique du progrès. Le jeu est alors décrit dans un processus qui le lie à l'apprentissage, soit qu'il le facilite, soit qu'il en soit l'étape préliminaire. La psychologie et la pédagogie se sont particulièrement intéressées à cet aspect faisant du jeu une contribution essentielle du développement du petit d'homme. Le jeu, parce qu'il est l'expression du libre choix de la personne, est aussi compris comme facteur de développement personnel et de progrès. Lorsqu'il se fait compétition, le jeu est alors compris comme l'expression d'un pouvoir. Les jeux de bagarre et les compétitions nationales sont ainsi des modalités d'expression d'enjeux de pouvoir entre des individus ou des collectifs. Associé aux thèmes de créativité et de flexibilité, le jeu est compris comme une expression de l'imaginaire. Les travaux tentent alors de le rapprocher d'autres productions imaginaires comme le rêve

1. *Cf.* Brian Sutton-Smith, *The Ambiguity of Play*, Harvard University Press, 1997.

ou les mythes. Opposé au travail, le jeu devient quelque chose de frivole et d'inutile. Il est le fait de perturbateurs comme les clowns et les bouffons. Enfin, lorsqu'il se fait jeu de rôle associé à la créativité et à la plasticité.

Les discours sur les jeux vidéo suivent ces mêmes rhétoriques. Ainsi, la pratique du jeu vidéo peut être décrite comme un facteur de développement pour les enfants. Les jeux vidéo permettent de se familiariser avec les espaces numériques et leurs codes. Ils sont un lieu de préparation de la vie professionnelle adulte en permettant aux joueurs d'acquérir les savoir-faire relationnels et les savoir-être en ligne qui leur seront utiles plus tard. Ils entrainent des habilités spécifiques comme la capacité à gérer plusieurs situations en même temps, ou une meilleure représentation de l'espace tridimensionnel.

La rhétorique du progrès met l'accent sur le fait que les jeux vidéo sont une perte de temps pour les enfants. En effet, le développement des enfants demande à s'appuyer sur des objets concrets et des personnes réelles. Des interactions avec images sont de ce point de vue une perte de temps.

Les jeux vidéo sont des espaces de création et d'expression d'identités. Certaines identités sont façonnées par la culture des *gamers*. Le *no-life,* le *hardcore gamer,* le *casual gamer* sont quelques exemples qui permettent à chacun de se situer dans l'espace social comme joueur excessif, passionné ou occasionnel. La rhétorique de l'identité peut aussi être traitée sous l'angle du faux et du simulacre.

Le jeu vidéo est le lieu de fabrique et de recombinaison des identités. Les avatars, les noms et les histoires endossées en ligne permettent de se présenter à soi-même et aux autres d'une façon tout à fait différente de ce que l'on est. Les modifications peuvent concerner le genre, l'apparence physique, des traits de caractère ou des comportements. Les jeux vidéo sont des espaces virtuels dans lesquels il est possible de s'égarer. Des notions cardinales comme le temps et l'espace sur lesquelles nous nous appuyons perdent leur valeur structurante. Les liens construits en ligne sont des liens de peu de valeur.

Toutes ces rhétoriques n'ont pas le même développement. La rhétorique du jeu vidéo comme destin est absente du débat. Cela tient sans doute au fait que le jeu vidéo fait peu de place au hasard. Il appelle plutôt des habilités, des maitrises (jeux de plateformes, FPS) et des mises en scène de soi (jeux de rôle). Historiquement ce sont les rhétoriques de l'imaginaire et du self qui se sont mises en place en premier. Puis la rhétorique du jeu vidéo comme développement de soi a été abordée, principalement dans ses aspects négatifs avec les thématiques de la violence et de l'addiction.

Le jeu vidéo comme progrès est le dernier discours en date. Il est porté par un mouvement industriel qui vise à présenter les jeux vidéo comme modèles ou appuis efficaces dans les apprentissages. Les *serious games* sont les figures de proue d'un long processus de légitimation au cours duquel les aspects positifs et négatifs des jeux vidéo sont négociés à l'intérieur de cadres rhétoriques.

Les discours sur les jeux vidéo se coulent ainsi dans les anciennes rhétoriques du jeu. On assiste à un renversement dans lequel les aspects positifs du jeu vidéo sont survalorisés. Ce discours s'enracine dans des observations et des évidences premières issues de la biologie. Les jeux des juvéniles, qu'il s'agisse d'animaux ou d'enfants humains, sont une manière essentielle de s'adapter au monde et de se développer. Le chaton et le lionceau affutent leurs comportements de prédateurs pendant les jeux de chasse et d'affut tandis que l'enfant humain se prépare à jouer son rôle en société en jouant au papa ou à la maman. Ces évidences sont appuyées par un raisonnement darwinien : si les animaux s'adonnent à un comportement aussi coûteux en énergie et en temps, c'est qu'il doit avoir une valeur importante.

Des observations similaires ont éclairé différemment le rapport des jeux vidéo et des apprentissages. On a beaucoup mis l'accent sur le fait que les joueurs de jeux vidéo avaient une meilleure représentation de l'espace et une meilleure coordination oculomotrice que les non-joueurs. Cette meilleure coordination permet à des chirurgiens d'être plus précis et plus rapides dans leurs gestes opératoires[2], mais cette amélioration a aussi été notée dans les années 1960 chez les plus gros consommateurs de télévision. Deux choses sont ici à prendre en compte. La première est que nous vivons dans une société qui nous met au contact d'images de plus en plus complexes. Il est donc normal que nous développions des habiletés cognitives pour les lire plus facilement. La seconde est que la multiplication des images est accompagnée d'un discours qui les installe comme facteurs de progrès. Les jeux vidéo sont pris dans des faisceaux de discours qui organisent leurs pratiques et les recherches dont ils sont l'objet. Ces recherches ont pour effet de renforcer les représentations positives et négatives dont ils sont l'objet. Elles ont

2. *Cf.* « The Impact of Video Games on Training Surgeons in the 21st Century », sur archsurg.jamanetwork.com.

plus souvent comme but de convaincre d'une idée – les jeux vidéo sont facteurs d'addiction, de violence, de progrès, d'apprentissage, etc. - que d'établir des faits.

2- Les jeux vidéo rendent violents

Un jour d'avril 1999, deux adolescents du lycée de Columbine (Colorado), Éric Harris et Dylan Klebold, pénètrent dans leur collège et extraient des armes à feu de leurs sacs. Suivent 49 minutes d'horreur pendant lesquelles ils tirent à vue sur toute personne rencontrée. Après avoir fait 13 victimes, les deux jeunes gens retournent leurs armes contre eux et se donnent la mort. Les jeux vidéo sont rapidement pointés du doigt lorsque l'on découvre au fil de l'enquête que les adolescents avaient reproduit avec l'éditeur de niveaux du jeu de tir en première personne *Doom* les bâtiments de leur collège. Columbine sera le point de départ d'une controverse qui perdure encore.

Récemment, le massacre de 69 personnes sur l'île d'Utøya en Norvège par Anders Behring Breivik, en juillet 2011, ou encore la tuerie de spectateurs, lors de la première du film *The Dark Knight Rises* à Denver, opérée par James Holmes en juillet 2012, ont une nouvelle fois relancé le débat de l'influence des jeux vidéo violents. En effet, Anders Breivik a vite été identifié comme jouant à *World of Warcraft*, tandis que James Holmes a été décrit comme obsédé par les jeux vidéo comme *Soldier of Misfortune.*

Pourtant, une analyse psychiatrique a diagnostiqué Anders Breivik schizophrène et une seconde expertise a donné le diagnostic de trouble narcissique. La différence est surtout importante pour le jugement. Dans le premier cas, Anders Breivik aurait été déclaré non responsable de ses actes et interné en hôpital psychiatrique, tandis que dans le second il encourait la prison. Dans les deux cas, il s'agit d'une pathologie grave qui peut conduire à des actes violents et criminels. Columbine est l'archétype des paniques morales autour des jeux vidéo. Le même scénario se répétera avec Breivik et James Holmes : un acte odieux est commis et les jeux vidéo se retrouvent en position de coupable idéal. Cependant, l'influence des images dans le drame de Columbine tient plus du mythe que de la réalité. Contrairement à ce qui a pu être écrit ou dit, les deux jeunes hommes n'avaient pas de trench-coat à la Matrix, ils n'étaient pas maltraités par les autres élèves, et ils ne venaient pas d'un milieu familial défavorisé. L'influence des jeux vidéo n'a pas été retrouvée dans ce cas, pas plus que dans tous les cas de *school shooting* passés en revue par le FBI et le ED (département de l'Éducation des États-Unis) qui ont examiné tous les profils des *school shooters* jusqu'en 1999. Columbine n'est pas non plus arrivé comme un coup de tonnerre dans un ciel d'été. Éric Harris s'était vanté auprès des autres élèves de fabriquer une bombe. La police avait même trouvé à proximité de sa maison un engin explosif qui correspondait à ses descriptions.

Peut-on trouver des éléments déclencheurs à ces drames ? L'enquête du FBI et du ED donne comme point commun aux *school shooters* d'être déprimés et de se sentir persécutés. Dans le livre qu'il leur a consacré, le psychologue Peter Langman[3] donne des profils clairement pathologiques.

3. *Cf.* Peter Langman, *Why Kids Kill Inside the Minds of School Shooter*, Palgrave Macmillan, 2009.

La psychopathie, la psychose et les traumatismes graves sont les contextes dans lesquels se produisent les *school shooting*. Ainsi, Éric Harris est décrit comme un bon élève, quand il se donne la peine de travailler. C'est un jeune homme qui est parfaitement adapté, qui aime contrôler les choses. Il n'hésite pas à manipuler les adultes, et met son ami Dylan Klebold en coupe réglée. Éric Harris conçoit l'attaque de Columbine comme un « grand jour ». Il construit des bombes pour faire sauter la cafétéria du collège et travaille pendant des mois à vendre des pizzas pour acheter les ingrédients nécessaires à la fabrication des engins explosifs. Il est décrit comme un psychopathe, avec un complexe de grandeur et une haine féroce de toute autorité. Son humeur oscille tantôt vers la « grandiosité », tantôt vers la paranoïa. Dylan Klebold est dépressif, avec une humeur suicidaire. Les deux jeunes gens forment un couple pathologique. Dylan Klebold admire Éric Harris et flatte ses délires de grandeur tandis que toute la haine Éric Harris secoue la dépression de Dylan Klebold en lui faisant vivre des émotions fortes. Ce contexte pathologique est très certainement plus déterminant que les quelques heures passées à jouer à Doom.

3- Que dit la recherche ?

Quels sont les effets des jeux vidéo violents sur les joueurs ? La question est d'autant plus importante que les images des jeux vidéo deviennent de plus en plus réalistes et que les jeux vidéo concernent un nombre de plus en plus grand de personnes. Pour répondre à cette question, des centaines d'études ont été faites. Les méthodes ont utilisé le laboratoire, le questionnaire, l'observation directe et se sont principalement appuyées sur trois théories. La première est la théorie de l'apprentissage social d'Albert Bandura, qui pose que les enfants auront tendance à imiter ce qu'ils ont vu sur leurs écrans. La seconde est la théorie de la catharsis selon laquelle que les jeux vidéo donnent aux joueurs un espace où agir la violence ou l'agressivité. La troisième est la théorie de l'apprentissage et du conditionnement pour qui les jeux vidéo violents renforcent les conduites agressives.

Une quinzaine d'années d'expériences et de débats passionnés n'ont pas conduit à un consensus sur la question. La recherche s'accorde au minimum sur le point suivant : jouer avec des jeux vidéo violents suscite des émotions, des idées et des conduites violentes ou agressives. Ces émotions, idées, et conduites violentes se manifestent à court terme, et en aucun cas le lien entre les jeux vidéo violents et des conduites meurtrières n'a pu être établi.

Helen Smith est une psychologue de la ville de New York qui travaille avec des enfants dont la violence les a conduits jusqu'au meurtre. Elle dit clairement l'absence de lien entre les comportements violents et les médias : « De mon expérience, pas un seul jeune n'a été violent du fait de l'influence d'un média. » L'abandon, la maltraitance sont bien plus banalement au cœur des vies de ces enfants qui entrent ensuite dans des gangs parfois pour trouver une protection, parfois pour retourner contre d'autres la violence qu'ils ont subie. Dans tous les cas, la vie des gangs leur est largement préférable au sentiment de solitude.

Que nous apprennent toutes ces recherches ? Que les jeux vidéo qui donnent à jouer avec la violence produisent une excitation telle qu'elle déborde de l'espace du jeu. Les enfants sont alors enclins à être davantage excités, et les conflits qui s'en suivent ont tendance à être davantage réglés à l'aide d'injures et de coups que de paroles. Mais c'est une observation qui peut également être faite à la fin d'une partie de *1000 bornes* ou de *Monopoly*. Tout jeu est excitant et tout jeu menace de déborder de son périmètre. Aucun jeu, aussi excitant ou violent soit il ne produit de la psychopathie ou de la psychose. Les déterminants de ces pathologies sont au confluent d'éléments génétiques, sociaux, et des interactions réelles et imaginaires de l'enfant avec son environnement humain. Un enfant qui passe des heures à jouer seul avec des jeux vidéo violents pose la question de la qualité de l'environnement dont il dispose. Ce qui est important ici c'est moins le jeu vidéo violent que la solitude dans laquelle il se trouve. La question se poserait dans les mêmes termes pour un enfant qui fait des parties de réussite ou passe son temps à lire.

La relation aux images violentes fonctionne de façon multivariée. Comme le prévoit la théorie de l'apprentissage social, les jeux vidéo violents ont bien tendance à provoquer des conduites agressives. Les enfants élisent donc les personnages de jeu et leurs actions comme modèles. Mais il a aussi été noté qu'après avoir joué à des jeux vidéo violents, les enfants ont une « fantasmatisation » plus libre. Ils ont tendance à utiliser les images du jeu comme supports de rêveries agressives. Les jeux vidéo violents sont tout autant des ingrédients du passage à l'acte que du travail de pensée.

Les enfants ne sont pas éduqués par des images, mais par des hommes et des femmes de chair. Pour comprendre leurs conduites, il est nécessaire de prendre en compte l'environnement humain dans lequel ils grandissent. Certaines cultures et certaines familles valorisent la violence. Grandir dans ces groupes ne produit pas les mêmes effets que grandir dans un environnement dans on privilégie la parole comme modalité de règlement des conflits est privilégiée. L'âge des enfants a également son importance, car la capacité à assimiler les images violentes varie tout au long du développement des enfants. L'adolescence est également un moment particulier : le gout des adolescents pour le défi et la transgression les pousse vers des jeux vidéo qui mettent en scène des situations violentes.

Il est aussi important de prendre en compte le contexte dans lequel se produit la violence. Certains jeux violents comme *The Torture Game* ne donnent aucun contexte. Il s'agit d'un jeu dans lequel une variété d'armes sont utilisées pour torturer un personnage. Le travail d'imaginer pourquoi un homme se retrouve attaché et torturé des façons les plus atroces est laissé au joueur. La scène est aussi violente que le moment où Tony Montana torture un homme dans une salle de bain. Mais l'acte du héros de *Scareface* fait partie d'une trame narrative. Il dramatise son ambition et les violences dans lesquelles il est pris. Un jeu comme *Grand Theft Auto* (GTA) dans lequel le joueur incarne un personnage assez proche de Tony Montana a également une trame narrative riche dont le joueur peut se saisir. Les actes violents de ces jeux s'insèrent dans des causalités et significations et sont donc plus susceptibles d'être utiles au joueur.

Les déterminants d'une conduite sont toujours plurifactoriels chez l'homme. Dire que « les jeux vidéo violents produisent des actes violents » n'a pas beaucoup de sens en psychologie. On a par exemple montré que l'élévation de la température pouvait avoir un effet plus grand sur les conduites agressives que de jouer à un jeu vidéo violent. La situation de compétition est également un facteur à prendre en compte. La rivalité suscite autant de conduites agressives, mais ce fait est souvent laissé de côté parce que la compétition est valorisée dans notre culture.

– 2 –

L'addiction et les jeux vidéo

En novembre 2001, Shawn Wooley se suicide avec une arme à feu, son ordinateur connecté au jeu *Everquest*. Les circonstances de sa mort provoqueront un grand émoi et contribueront grandement à alimenter l'idée que les jeux vidéo et plus particulièrement les jeux massivement multi-joueurs puissent être des objets d'addiction.

1- Psychologues recherchent désespérément addiction à l'internet et aux jeux vidéo

Le cas frappe d'autant plus les esprits que l'idée d'une addiction à l'internet avait commencé à circuler dans les milieux académiques. Mais l'origine du trouble de l'addiction à l'internet et aux jeux vidéo est pour le moins curieuse puisqu'il prend sa source dans une plaisanterie. En 1995, un psychiatre new-yorkais, le docteur Yvan Goldberg, invente l'Internet Addiction Disorder (IAD). L'IAD est une version parodique du jeu pathologique tel qu'il est décrit dans la bible des psychiatres américains, le *Diagnostic Standard Manual.* Si quelques personnes peuvent s'y laisser prendre, le caractère ironique de l'IAD ne peut pas être manqué par des professionnels. Pourtant, l'année suivante, une psychologue américaine, Kimberley Young, décrit « l'émergence d'une nouvelle pathologie » qu'elle nomme « Internet Addiction » à partir d'un sondage adapté des critères du jeu pathologique du DSM-IV[4].

L'Internet Addiction Disorder va faire l'objet d'une longue traque par des équipes de recherche des universités de psychologie et des sciences de la communication du monde entier. En 2009, le volume des études est suffisant pour en faire une métasynthèse[5]. Elle procède par accumulation et déconstruction pour faire apparaitre des éléments qui étaient encore insuffisamment reconnus ou totalement ignorés. La métasynthèse de 2009 se donne pour objet d'examiner les aspects de l'addiction à l'internet, la manière dont elle a été mesurée et les méthodes d'analyse qui ont été utilisées. Les conclusions sont assez sévères. Une dizaine d'années d'études n'ont pas permis la construction d'un espace méthodologique cohérent et satisfaisant : « Les analyses montrent que les études précédentes ont utilisé des critères inconsistants pour définir les addicts à l'internet, appliqué des méthodes de recrutement qui peuvent causer de sérieux biais d'échantillonnage, et examiné les données en utilisant préférentiellement des techniques d'analyse exploratoires plutôt que confirmatoires pour enquêter sur le degré d'association plutôt que les relations de causalité entre les variables. »

Plus récemment Mark Griffiths et Daria Kuss ont donné une revue systématique des recherches empiriques sur la dépendance aux jeux vidéo sur internet[6]. Ils arrivent à des

4. Manuel diagnostique et statistique des troubles mentaux.

5 Une métasynthèse est une collecte des travaux faits dans un domaine donné.

6. *Cf.* « La dépendance au jeu sur internet: une revue systématique de recherche empirique », 2012, sur le site Academia.edu.

conclusions similaires. D'abord, ils constatent qu'il est difficile de comparer les résultats des études parce que les auteurs ne mentionnent pas le type de jeu étudié. Or, *Démineur*, *Skyrim*, *Minecraft* ou *World of Warcraft* sont tous des jeux vidéo, mais ils nécessitent des habilités et des compétences différentes. Ensuite, les facteurs culturels et sociaux sont également à prendre en compte. L'internationalisation de la recherche a considérablement étendu les sphères culturelles considérées. Il faut prendre en compte que le jeu en Asie du Sud-Est n'a pas le même sens et les mêmes valeurs que le jeu en Occident. Les instruments d'évaluation sont également disparates, et beaucoup n'ont pas été validés. Les échantillons sont aussi non représentatifs, autosélectionnés, et de petites tailles rendent difficile ou impossible toute comparaison des résultats. Enfin, les équipes de recherche ont tendance à développer leurs propres instruments de mesure de l'addiction aux jeux vidéo.

Critères inconsistants, méthodes biaisées, confusion entre les causalités et les corrélations, échantillons faibles, biais culturels, instruments de mesure différents, etc. le bilan des recherches sur l'addiction à l'internet et aux jeux vidéo est faible.

La communauté de recherche n'a pas trouvé autre chose que des liens faibles entre jeux vidéo et dépendance. On ne connait pas la proportion de joueurs incriminés, car les chiffres vont de 0 % à 30 % de la population. On ne connait pas non plus les traits de personnalité des personnes dépendantes à l'internet et aux jeux vidéo. On ne sait même pas ce que la dépendance à l'internet et aux jeux vidéo recouvre, car il n'y a pas de définition commune.

Après 17 ans d'une recherche enfiévrée, il est toujours possible de conclure par le classique « *more research is needed* »[7], qui est à la fois un appel au financement à des travaux ultérieurs et l'aveu que l'étude présente a manqué son objectif. Un article scientifique se doit en effet de préciser clairement les inconnues et proposer les manières dont les choses peuvent être clarifiées.

Nous aurions pu nous éviter ce détour de presque deux décennies en prenant en compte plusieurs choses. D'abord le fait qu'une des origines de l'Internet Addiction Disorder soit une plaisanterie aurait pu alerter. Au lieu de cela, une partie de la communauté des chercheurs s'est conduite comme des zoocryptologistes. S'ils ne trouvaient pas leur Nessie numérique (monstre du Loch Ness) c'est qu'ils avaient mal cherché. Les comportements des internautes puis des joueurs ont alors été pathologisés à gros traits. Par exemple, le temps de jeu ou de connexion a ainsi été un élément de l'IAD dans les années 2000, puis, lorsque la connexion est devenue presque permanente avec les smartphones, il n'en a plus été question. Le problème est que ni la pathologisation de la durée de connexion, ni sa « dépathologisation » n'ont fait l'objet de discussions.

Le principe du rasoir d'Ockham aurait pu être appliqué. Selon ce principe, il n'est pas nécessaire de formuler de nouvelles hypothèses tant que celles qui existent suffisent. Il n'est donc pas nécessaire de formuler l'hypothèse d'une nouvelle pathologie (l'addiction à l'internet et aux jeux vidéo)

7. Littéralement : « il est nécessaire de faire plus de recherches ».

tant que les hypothèses découlant d'autres pathologies suffisent. Le jeu excessif peut se comprendre au regard des pathologies que l'on connait déjà. Jouer peut être pris dans une problématique obsessionnelle (la compulsion), dépressive (jouer pour éviter de penser), narcissique (jouer pour restaurer ou maintenir un idéal) ou même psychotique (jouer pour s'éprouver vivant).

Il aurait été possible de prendre en compte les témoignages de professionnels de terrain. Par exemple, le Centre Smith & Jones à Amsterdam a fermé en 2008 sa consultation pour les dépendants aux jeux vidéo, après 18 mois de fonctionnement et une centaine de cas traités. La raison ? Ils ne trouvent pas auprès des joueurs de difficultés qui relèvent de l'addiction : « Plus nous travaillons avec ces enfants, affirme son directeur Keith Bakker, moins je pense que nous puissions appeler cela une addiction. Ce dont ces enfants ont besoin, c'est de leurs parents et de leurs enseignants. C'est un problème social. »

Dans un livre consacré aux nouvelles addictions[8], les psychiatres Marc Valleur et Jean-Claude Matysiak étaient, dès 2004, arrivés à une conclusion similaire : « Disons-le clairement, nous n'avons pas connaissance de dépendance ou d'addiction aux jeux vidéo parmi les enfants, mais certains abus, certaines pratiques frénétiques témoignent d'un malaise et souvent d'un dysfonctionnement au sein du cercle familial. »

En 2003, le Rapport pour la Mission interministérielle de lutte contre la drogue et la toxicomanie (MILDT) concernant le problème de l'addiction aux jeux a consacré une partie de

8. *Cf.* Marc Valleur, Jean-Claude Matysiak, *Les nouvelles formes d'addiction. L'amour, le sexe, les jeux vidéo*, Flammarion, coll. « Champs essais », éd. rev., 2004.

son travail aux jeux vidéo. Leur conclusion vont dans également dans ce sens puisqu'ils affirment qu'« il est à priori difficile d'imaginer que la pratique même intensive des jeux vidéo puisse être à l'origine d'une addiction ».

Au niveau international, la situation est la même. L'addiction à l'internet et aux jeux vidéo n'apparait dans aucune classification des troubles mentaux. Récemment, l'Académie de médecine française a publié des recommandations sur les jeux vidéo[9]. Elle rappelle qu'il faut traiter différemment les cas des adultes et des enfants. S'agissant des plus jeunes, elle recommande l'utilisation du terme « jeu excessif » plutôt que celui d'addiction aux jeux vidéo parce qu'il n'y a pas de consensus scientifique sur l'existence de réelles addictions aux jeux vidéo. En l'absence d'études précisant leurs critères, il est préférable d'utiliser le terme de pratiques excessives, moins stigmatisant. Elle rappelle le rôle primordial des parents et encourage les familles à s'informer sur les jeux et leurs contenus afin que l'enfant soit en contact avec des contenus adaptés à son âge. Pour ce qui est des adultes, elle rappelle le risque de dépendance aux jeux d'argent.

2- Paniques métaphoriques

Une large majorité de la communauté scientifique a donc reconnu et différencié le jeu excessif des addictions. Comment alors expliquer que l'image du joueur dépendant continue à circuler dans l'espace public ? Pourquoi est-ce que la

9. *Cf.* « De la pratique excessive des jeux sur écrans aux addictions », sur le site : www.academie-medecine.fr.

confusion est encore maintenue entre le *gamer* et le *gambler ?* À cela, il est possible d'avancer deux types d'explications : la force des métaphores, et la panique morale.

Le *gamer junkie* doit plus à la force des métaphores qu'à la réalité. L'image connue du *junkie* a servi de pont pour comprendre les nouveautés apportées par les matières numériques. L'imaginaire de la drogue qui hante l'occident depuis les fumeries d'opium de la Chine du XIXe siècle été un cadre interprétatif pour comprendre les nouvelles pratiques numériques. Cela n'est pas une spécificité des jeux vidéo. Nous nous servons constamment de métaphores pour interpréter, comprendre et agir sur le monde.

Un linguiste et un philosophe, George Lakoff[10] et Mark Johnson, ont montré que nos pensées comme nos actions sont basées sur des métaphores. Lorsque nos actions se déroulement conformément aux métaphores qui leur ont donné naissance, nous avons le sentiment de vivre une expérience cohérente. C'est ce mécanisme qui explique que l'image du joueur dépendant nous soit si évidente.

L'addiction aux jeux vidéo et à l'internet est le leitmotiv qui permet de comprendre quelque chose de nouveau – les comportements des joueurs –, en des termes anciens – les assuétudes. Elle réduit un phénomène complexe qui met en jeu des machines, des hommes, des espaces et leurs interactions à quelque chose de simple. Le joueur drogué rejoint ici la longue liste des hachichins, des rastas, des opiomanes, des toxicos, et autres junkies. Il faut bien préciser que les joueurs

10. *Cf.* George Lakoff, *Les métaphores dans la vie quotidienne*, éditions de Minuit, 1986.

ont eux-mêmes eu plaisir à jouer avec ces glissements : on se souvient du slogan « Sega, c'est plus fort que toi ! ».

La seconde notion qui peut rendre compte du succès de la notion d'une addiction à l'internet et aux jeux vidéo a été développée sous le terme de « panique morale » par le sociologue britannique Stanley Cohen. Il s'agit d'une situation, d'un événement, d'une personne ou d'un groupe de personnes qui sont perçus comme menace aux valeurs et aux intérêts de la société en étant présentés de façon caricaturale par les médias. Des « barricades morales » sont alors établies, des experts convoqués pour diagnostiquer le problème et proposer des solutions. Les médias, les élites et les politiques s'accordent bientôt à présenter la situation comme problématique. Le public suit le mouvement sur la base des informations dont il dispose et de ses propres préjugés.

Le suicide de l'américain Shawn Wooley est sans doute un point de départ de la panique morale autour des jeux vidéo. L'addiction aux jeux vidéo s'alimente de faits réels isolés et dramatiques de ce type, mais dont le traitement médiatique est orienté. Des chiffres non vérifiés circulent d'un média à l'autre, les experts sont convoqués pour confirmer la généralisation du phénomène, et une solution rapide est exigée des politiques. Ainsi, le traitement médiatique du suicide de Shawn Wooley a largement passé sous silence qu'il faisait l'objet d'une aide médicale et éducative, et a mis l'accent sur le fait qu'il jouait au jeu de rôle en ligne massivement multijoueur *Everquest*.

– 3 –

Les jeux malades de la société ou le paradoxe de la gamification

1- Les illusions de la gamification

Les jeux vidéo ont contaminé tout ce qui porte un écran. Les téléviseurs, les tableaux de bord des voitures, les sites internet ont pris peu à peu des airs de jeux vidéo. Ce n'est pas seulement une histoire de design, car ces transformations touchent en fait des pratiques. Elles transforment le rapport que nous avions vis-à-vis d'une activité comme regarder la télévision, et créent de nouvelles pratiques.

Le site Foursquare permet de se géolocaliser avec un smartphone. La géolocalisation peut être suivie sur un tableau de bord qui donne à l'usager le nombre de ses « check-in » dans différents endroits. L'utilisateur trouve également les badges qu'il a gagnés par ses localisations. Le premier check-in donne le badge « Newbie », 10 check-in donnent le badge « Aventurier », un check-in sur une étendue d'eau donne le badge « Je suis sur un bateau », etc. Il existe plus de 200 badges différents et les trouver est déjà en soi un jeu. La croissance du service a été phénoménale, atteignant plus de 3 400 % pour l'année 2011. Le service compte aujourd'hui 20 millions d'utilisateurs.

Foursquare est un bon exemple de ce que l'on a ensuite appelé la gamification. La gamification s'appuie sur les systèmes de points, les avatars, les barres de progression, les niveaux que l'on connait maintenant depuis plusieurs décennies dans les jeux vidéo. Ces éléments sont mis à contribution pour augmenter les ventes d'un produit, le nombre de visites d'un site ou pour soutenir des apprentissages. La gamification peut être définie comme l'utilisation d'éléments provenant du jeu vidéo dans un contexte non ludique.

La gamification a touché des domaines aussi différents que le marketing, la santé, ou l'entreprise. Des compagnies comme IBM, Microsoft ou Volvo l'utilisent dans leurs relations avec leurs clients. Les retours d'expérience sont très généralement positifs. L'introduction de la gamification dans une entreprise peut permettre aux employés de mieux se connaitre et de mieux partager l'information nécessaire à leur travail.

Gartner – entreprise américaine de conseil et de recherche dans le domaine des techniques avancées – a identifié quatre éléments clés qui permettent d'expliquer les succès de ce phénomène :

1- Le cycle des feedbacks est accéléré ce qui maintient l'attention de la personne et son engagement dans la tache ;

2- Les buts et les moyens de les atteindre sont clairement explicités pour s'assurer que les utilisateurs se sentent habilités à réaliser les objectifs ;

3- La gamification construit un récit qui engage les joueurs à participer et à atteindre les buts de l'activité ;

4- Des tâches ambitieuses, mais réalisables.

La gamification est un phénomène intéressant qui montre l'importance que les jeux vidéo ont dans notre culture. Malheureusement, de la même manière qu'un discours très négatif peut être tenu sur les jeux vidéo, des propos très enthousiastes ont largement exagéré ce que l'on peut en attendre.

Lorsque la prestigieuse revue *Nature* a publié un article de biologie moléculaire[11] avec des joueurs de jeu vidéo comme coauteurs, beaucoup ont cru voir se réaliser la prophétie de quelques gourous de la gamification. Si les participants au projet Foldit[12] ont résolu en trois semaines un problème vieux de 10 ans, n'était-ce pas la preuve qu'avec un peu de gamification, les problèmes les plus complexes et les plus sérieux pouvaient être résolus ? Sauver le monde avec les jeux vidéo ! Les ressources naturelles, la famine, la pauvreté, le changement climatique, les conflits internationaux n'attendaient plus que leur gamification et toutes les larmes seraient essuyées !

Foldit est un jeu vidéo en ligne dans lequel les joueurs doivent replier des protéines. Le jeu a été développé au sein de l'université de Washington. Les solutions trouvées sont ensuite testées à nouveau en laboratoire par les chercheurs. Mais si le projet Foldit a si bien fonctionné, c'est que le problème de départ s'y prêtait et qu'il a fait l'objet d'une formalisation minutieuse. Tous les problèmes ne peuvent pas être gamifiés, parce que la complexité de certains problèmes est telle qu'on ne peut pas les décomposer en une multitude

11. *Cf.* « Crystal structure of a monomeric retroviral protease solved by protein folding game players », sur Nature.com.
12. Foldit est un jeu vidéo expérimental sur le repliement des protéines.

de petits problèmes qu'une communauté en ligne aurait à résoudre. Au-delà de la question du design, d'autres problèmes se posent :

a) d'abord, le jeu est une activité inutile ;

b) les pratiques engagées dans les jeux vidéo sont égoïstes et ne permettent pas de bâtir une société ;

c) les jeux vidéo sont des porte-idéologies ;

e) les jeux vidéo sont faits pour être résolus.

Si les *gamers* passent autant de temps dans les jeux vidéo, s'ils refont une dizaine de fois une instance jusqu'à pouvoir la faire les yeux fermés, s'ils perdent tant de combats avant, enfin, de parvenir à maitriser un personnage, c'est d'abord parce qu'il s'agit d'un jeu. Fondamentalement, gagner ou perdre n'a pas d'importance dans un jeu. Ce qui importe, c'est jouer. Certes, perdre n'est pas agréable, mais combien échangeraient une heure de bon travail contre une heure de jeu, même si c'est une heure passée à perdre ? À chaque fois que dans le jeu, les motivations extrinsèques remplacent les motivations intrinsèques, l'expérience est gâchée et au final, le jeu est abandonné.

Comme jeu, le jeu vidéo est une activité dont on a décidé par avance que les conséquences sont minimes pour les joueurs. Jouer à être aux commandes d'un F-14 Tomcat et larguer des bombes virtuelles sur un objectif en criant « *Bombs away* » est fun parce que sans conséquence. Être aux commandes d'un vrai drone qui affichera à peu près le même écran est tout à fait autre chose. Dans le premier cas, un « rejouer la mission » viendra à bout de toutes les difficultés. Dans le second, la vie d'alliés, d'ennemis et celle du pilote sont profondément engagées sans qu'il existe de bouton « *reset* ». La gamification s'adresse à une part du jeu qui n'est pas entièrement dans le cercle magique.

Il existe beaucoup de définitions du jeu, mais toutes mettent l'accent sur le fait qu'il s'agit d'une activité libre. Les tenants de la gamification utilisent souvent la définition de Bernard Suits[13] : « Le jeu est une tentative volontaire de venir à bout d'obstacles non nécessaires. » Le mouvement des pièces sur un échiquier, le nombre de points de vie d'un *boss* sont des obstacles non nécessaires qu'il est possible de modifier en quelques lignes de code.

Le principe selon lequel « le code est la loi » n'est plus vrai en dehors des mondes numériques. Par exemple, les positions dans une entreprise ne sont pas des « obstacles non nécessaires ». Les relations hiérarchiques des individus où la situation financière de l'entreprise dépendent de son histoire, de l'histoire sociale du pays dans lequel elle est implantée, et du fait de la mondialisation, de l'état du monde.

Dans le monde du non-jeu, on ne peut pas décider de changer de jeu. La société ne se *hacke* pas. Elle n'est pas constituée d'une succession de 0 et de 1. Lorsque l'on *hacke* un jeu, on passe dans un ailleurs (le code) et l'on y introduit quelques modifications qui ont un effet sur ce qui est affiché dans le jeu. Dans la société, il n'y a pas de hors-jeu. Il n'y a pas de point hors réalité. Chaque individu, chaque société est pleinement dans le jeu social et ne peut en sortir.

13. Bernard Suits, *The Grasshopper : Games, Life and Utopia*, Broadview Press, 2005.

2- Les pratiques sociales des gamers ne font pas société

Les MMORPG (jeux massivement multijoueurs) sont souvent donnés comme exemple de la riche vie imaginaire et sociale que les jeux vidéo peuvent soutenir. Dans ces jeux, le joueur incarne un personnage dont les caractéristiques influent sur les actions qu'il peut entreprendre. Classiquement, le joueur choisit une race, un sexe, et une classe de personnage. Il est ainsi possible de jouer une naine chasseresse ou un humain guerrier. Les actions effectuées en jeu font gagner des points d'expérience qui permettent de progresser de niveau en niveau. Plus le personnage a un niveau important, plus ses pouvoirs sont puissants. Les joueurs se retrouvent dans deux types de groupes. Les premiers sont éphémères (groupes de quête et de raids) et se défont dès que le but est atteint ou que les joueurs se séparent. D'autres sont permanents (guildes) et fonctionnent comme des cadres de formation et d'entraide.

Hors ligne, chaque individu en groupe est partagé entre son égoïsme et l'intérêt commun. En ligne, la question peut se poser avec beaucoup moins d'acuité. La poursuite de l'égoïsme personnel peut être tout à fait compatible avec le bien commun. Les donjons regorgent de trésors en quantités suffisantes, et la progression du personnage de chacun est assurée. Les groupes de quête et d'instance sont homogènes en termes de niveaux de personnages ce qui fait que les récompenses ont à peu près la même valeur pour tous. Chacun sait ce qu'il a à faire, et en cas de problème les personnes sont rapidement exclues du groupe pour être remplacées par d'autres.

Si chaque personne est irréductiblement unique, les avatars qui le représentent en ligne sont facilement interchangeables. De ce fait, les groupes construits en ligne sont relativement pauvres. Ils sont de deux types. Ils peuvent être extrêmement organisés. Ils fonctionnent alors sur le modèle du phalanstère ou du commando. Chaque individu est assigné à une place et la perte de liberté qu'il endure est compensée par les récompenses qu'il obtient dans le jeu : hauts faits, boss vaincus, objets rares, etc. D'autres groupements laissent plus de liberté aux joueurs. Chacun est libre d'aller et venir et progresse à son rythme. La grande liberté se paye alors du peu de succès dans le jeu ou d'une progression plus lente. Si l'on devait transposer ces groupes en ligne en sociétés, le régime politique serait soit le totalitarisme soit l'anarchie. Tous les autres systèmes politiques (le parlementarisme, le présidentialisme, le fédéralisme, etc.) disparaitraient. On voit à cette réduction à quel appauvrissement la gamification des individus et des sociétés nous conduirait.

3- Les jeux vidéo sont des porte-idéologie

Dans un court texte, Umberto Eco s'était amusé à montrer que le Macintosh était contreréformiste. Gaie, conviviale, amicale, la machine d'Apple était influencée par le *ratio studiorum* des jésuites. Les jésuites avaient formalisé au XVIe siècle un guide d'enseignement pour tous leurs collèges. Leurs principes d'éducation étaient novateurs puisque le rôle du maitre était moins de dispenser des connaissances que « d'exciter les intelligences ». C'est par leur travail personnel que les élèvent apprendraient et non par la mémorisation.

Enfin, l'émulation serait le principal ressort de l'éducation. Ce plan d'études peut être appliqué à propos des jeux vidéo puisque les apprentissages ne se font pas sous l'égide d'un maitre, mais par la pratique. Des communautés d'intérêts se forment autour d'un jeu et produisent des guides. Ils disent comment progresser, étape par étape, pour atteindre le *top level,* améliorer son équipement ou effectuer des quêtes difficiles de jeu. Ces manuels ne sont pas rédigés par l'éditeur du jeu, mais procèdent de l'expérience des joueurs. Enfin, l'émulation est un ressort important des apprentissages. Ce sont à la fois l'imitation et la rivalité qui sont les moteurs des apprentissages associés aux jeux vidéo. Il n'est pas étonnant que cette idéologie contreréformiste se retrouve dans les mondes numériques puisque le cyberespace a été créé aux États-Unis, pays qui est fortement marqué par la morale protestante.

Comme tous les médias, les jeux vidéo embarquent des idéologies. Ils ne sont pas des points de vue neutres sur le monde. Jouer à *Mario kart* ou a *Call of Duty* c'est endosser des points de vue sur la masculinité, la féminité, la compétition, l'histoire ou la violence.

L'idéologie ne transparaît pas uniquement dans les contenus. Elle est profondément enracinée dans les mécaniques du jeu. Un jeu comme *World of Warcraft* est un système libéral presque parfait puisqu'il suffit d'y travailler suffisamment pour obtenir des récompenses. Beaucoup de jeux vidéo peuvent être compris comme des machines idéologiques qui poussent à accepter le modèle économique libéral sans le critiquer.

4- Les jeux vidéo sont faits pour être résolus

Les jeux vidéo sont construits pour pouvoir être résolus. À chaque fois qu'un joueur commence un jeu, il est confronté à des problèmes à résoudre : que dois-je faire ? Que puis-je faire ? Comment puis-je le faire ? Où sont mes alliés ? Mes adversaires ? La réussite est toujours à l'horizon des compétences du joueur. Il sait qu'il réussira s'il y passe suffisamment de temps. Il suffit d'y passer suffisamment de temps. Les tâches confiées aux joueurs sont à leur portée. Le sentiment de réussite vient du fait que soudain cet horizon s'enrichit de perspectives nouvelles.

La réalité sociale est toute autre lorsque vous vous appelez Jean Moulin, Gandhi, ou Nelson Mandela vous ne savez pas si vous allez réussir. Dans la réalité sociale, les réussites épiques se produisent parce que quelqu'un a pensé l'impensable. Dans les jeux vidéo, elles se produisent parce que quelqu'un a réussi le prévisible. La réussite est incluse dans le dispositif, et il n'est pas possible d'y faire apparaitre de nouvelles réalités.

– 4 –

Le jeu vidéo à travers les âges

1- Le jeu vidéo de l'enfance aux adultes

Les jeux vidéo sont devenus des objets et des pratiques quotidiennes chez la plupart des enfants. Mais qu'est-ce qui les pousse à consacrer autant de temps à jouer ? Quelles sont les motivations à jouer aux jeux vidéo ?

Les psychologues distinguent deux types de motivations : les motivations extrinsèques et les motivations intrinsèques. Les premières regroupent les récompenses tangibles et symboliques obtenues lorsque la tâche a été réalisée : argent, honneurs, reconnaissance par les pairs, etc. Ces motivations peuvent être extrêmement puissantes, mais elles sont finalement sans commune mesure avec les motivations intrinsèques. Lorsque les actions sont intrinsèquement motivées, elles sont conduites pour elle-même. L'intérêt et le plaisir que l'individu y trouve sont suffisants. C'est une motivation qui est fragile : ce qui est ressenti comme contrainte ou contrôle extérieur ont tendance à la faire baisser.

La motivation intrinsèque un mélange de plusieurs éléments. La curiosité, l'autodétermination, la compétence et la conscience des buts à atteindre en sont les principaux ingrédients. La curiosité maintient l'intérêt à un niveau suffisant. Elle alimente le besoin de savoir. Le sentiment de se sentir à la source de ses actions renforce le sentiment de continuité d'exister. Effectuer les bonnes actions et obtenir les bons résultats renforce le sentiment de compétence. Enfin, la conscience des buts à atteindre permet la planification des actions, la persévérance de l'effort, et la mise en place de stratégies.

Agir en concordance avec ses motivations intrinsèques

La motivation intrinsèque est connectée à un état particulier que l'on appelle le *flow.* La notion est d'un psychologue, Mihaly Csíkszentmihályi, qui a travaillé sur le bonheur et la créativité. Quelles que soient les périodes de la vie, ou l'origine culturelle, le bonheur est relié à des invariants. Le sentiment de contrôle, la focalisation de l'attention, la curiosité et l'intérêt intrinsèque se retrouvent à chaque fois qu'une personne vit une expérience plaisante ou créatrice.

Le *flow* est un mélange de conscience de soi et d'action. La personne *est* ce qu'elle fait. Elle est totalement immergée dans la tâche qu'elle est en train de réaliser. Le surfeur ressent profondément chaque mouvement de la vague, le jazzman flotte dans des univers d'improvisations, le joueur de jeu vidéo se mélange aux aides et adversaires qui se trouvent dans l'espace de jeu. Le corps, l'esprit et les actions réalisées font partie d'une seule et même chose. La personne est immergée dans ce qu'elle fait, et rien autour d'elle n'a d'importance. Cet état est possible parce que l'action correspond à la compétence de la personne : la vague n'est pas trop grosse, la grille d'accords n'est pas trop complexe, et le jeu n'est pas trop difficile. Mais il faut aussi que la difficulté soit suffisante, car si les choses deviennent trop faciles, alors la personne risque de s'ennuyer. Les actions sont d'autant plus motivantes que la personne a le sentiment d'avoir un contrôle sur les choses.

L'expérience du flow est rendue possible par des buts clairs. L'objectif n'est pas recherché en soi. Il est poursuivi parce qu'il rend possible la tâche à réaliser. La distinction entre les motivations intrinsèques et extrinsèques peut ici être mouvante. Escalade-t-on une montagne parce que l'on veut arriver au sommet ? Où arrive-t-on au sommet parce que l'on escalade une montagne ?

Le *flow* est une expérience autotélique dans laquelle la personne se sent profondément impliquée. Elle a le sentiment que la tâche à réaliser est juste à l'horizon de ses compétences. Elle dispose d'éléments clairs sur les buts à atteindre et sur ce qui a été réalisé. Toute son attention est focalisée sur la tâche à réaliser. La perception du temps et de l'espace est modifiée de même que la conscience de soi. La pensée devient action, et les actions sont des pensées. Il y a une adéquation entre les compétences de la personne et la tâche à réaliser.

Il existe beaucoup d'éléments qui renvoient aux motivations extrinsèques dans les jeux vidéo. Progresser un niveau plus loin, obtenir un badge, trouver un objet rare, sont quelques-unes des récompenses que les *game designers* intègrent aux jeux vidéo pour stimuler l'intérêt et l'investissement des joueurs. Ce sont des motivations extrinsèques, mais l'attrait des jeux vidéo vient du fait qu'ils permettent de satisfaire des motivations intrinsèques. Les joueurs ne jouent généralement pas pour obtenir un badge. Ils obtiennent un nouveau badge parce qu'ils ont joué. Les différentes composantes de la motivation intrinsèque se retrouvent dans les jeux vidéo. Ce sont en effet des jeux construits autour du challenge, du contrôle, de la curiosité et de l'imaginaire. Les buts du jeu sont généralement clairs. Ils sont donnés à chaque début de partie et sont parfois rappelés par un affichage qui résume les objectifs à atteindre. Le feedback est instantané. Les effets de chaque action sont immédiatement visibles sur l'écran et soulignés par un bruitage sonore. Les niveaux de jeu sont une manière de donner au joueur des challenges adaptés à ses compétences. Le score lui permet également de contrôler ses progrès. Le jeu vidéo donne ainsi au joueur des feedbacks visuels, auditifs, et parfois kinesthésiques. Ils permettent au joueur de vérifier fréquemment l'effet de ses actions et renforcent ainsi le sentiment d'être compétent et efficace.

Les stimuli auditifs, visuels et kinesthésiques ne sont pas uniquement des éléments de feedback. Ils créent un bain sensoriel qui aide le joueur à maintenir son attention à un niveau suffisant. Les sons entendus en effectuant une action – par exemple, ramasser une étoile dans Mario – sont attendus lorsque l'action est répétée. Le joueur est également attentif à tout nouveau stimulus qu'il accueille avec plaisir.

Le contrôle sur l'action est obtenu par les options qui sont données au joueur. Certains jeux permettent plus de choix que d'autres. Par exemple, un jeu comme *Sim City* offre beaucoup plus de liberté qu'un jeu comme *Street Fighter*. Dans le premier, le joueur doit créer une ville, et il l'organise comme il le souhaite. Il peut construire un enfer urbain avec des industries polluantes au milieu des quartiers d'habitations, ou au contraire de luxueuses marinas. *Street Fighter* n'est qu'un jeu de combat dans lesquels le joueur affronte une succession d'adversaires. Mais même un jeu aussi simple tente de proposer le plus d'options possible aux joueurs en donnant la possibilité, dans des contenus téléchargeables, de modifier l'apparence des joueurs. L'option peut paraitre futile, mais elle est très prisée par les joueurs parce qu'en multipliant les possibilités offertes au joueur, le jeu vidéo augmente son sentiment d'autonomie.

Les jeux vidéo nourrissent en profondeur les motivations intrinsèques. Ils permettent de vivre un état de *flow* dans lequel le joueur se sent à la fois compétent, autonome et efficace. D'une façon générale, toutes les matières numériques semblent avoir un rapport particulier avec les motivations intrinsèques. Des univers entiers ont été créés pour le simple plaisir de la création. De nombreuses choses numériques ne doivent leur existence qu'au plaisir d'une personne à faire quelque chose simplement parce que cette chose devait être faite. Le mail, le « www », le système d'exploitation Linux et ses dérivés en sont quelques exemples.

2- Quelques besoins psychologiques satisfaits par les jeux vidéo

Comme êtres humains, nous avons un besoin fondamental d'être en lien avec d'autres êtres humains et d'avoir avec eux des relations satisfaisantes. Nous attendons d'être acceptés dans des groupes, de donner et de recevoir de l'affection, mais nous attendons également d'être reconnus dans notre singularité. Ces besoins psychologiques peuvent être satisfaits au travers des jeux vidéo, qu'ils soient sociaux ou individuels.

• *Les jeux vidéo et les besoins sociaux*

Dans les jeux vidéo, ces besoins sociaux se traduisent par les relations de coopération et de compétition que les joueurs établissent entre eux. Jouer à un jeu vidéo, être un *gamer,* permet de se vivre comme participant à la culture d'un ensemble plus grand que soi. C'est appartenir à quelque chose, et donc être intégré à un ensemble complexe de liens, de signes de reconnaissance, d'expériences, d'histoires. À l'intérieur même des jeux, les joueurs se rassemblent dans des guildes, des *teams* ou des clans. Ces groupes aident leurs membres dans le développement de leurs personnages ou de leurs compétences de joueurs. Ils servent également d'espace de transmission des valeurs du groupe et de constructions des savoirs dont les *gamers* ont besoin pour jouer.

Les besoins sociaux sont également satisfaits au travers la compétition et la coopération. Les jeux vidéo permettent de se mesurer à d'autres personnes, en équipe ou en solo. Même lorsque le jeu n'offre pas de possibilité multijoueur, le système de score permet de situer ses performances par rapport aux autres joueurs. Les coopérations s'expriment au travers des jeux vidéo. Des jeux comme *Rock Band* ou certains mini-jeux de la Wii sont basés uniquement sur le principe de la collaboration. Certaines collaborations peuvent être indirectes : une personne joue, et une autre le regarde jouer en ponctuant des séquences du jeu par ses commentaires. Le besoin de relation peut également être activé par un investissement particulier du personnage de jeu. Le joueur se sent vis-à-vis de lui comme un parent vis-à-vis de son enfant. Il est responsable de sa sécurité, et lui assure les soins nécessaires à sa survie.

• *Les jeux vidéo et les besoins individuels*

Les jeux vidéo permettent également de satisfaire des besoins psychologiques individuels. Comme individus, nous avons besoin de recevoir des excitations, d'exprimer des émotions et de nourrir notre vie imaginaire.

Le besoin d'excitation peut prendre la forme du besoin d'éprouver de la peur. Les champs de bataille, les jeux de *survival horror*, ou plus banalement la peur de ne plus avoir suffisamment de vies et de voir s'achever sa partie offrent de multiples occasions de se faire peur. Les jeux vidéo permettent de jouer avec les peurs et les angoisses que chaque être humain peut rencontrer dans son développement : la séparation, l'incapacité, la mort, la perte de repère, la chute, etc. Les jeux vidéo permettent de s'approcher en toute sécurité de ses peurs, et donc de mieux les connaitre. Jouer avec la peur, c'est finalement explorer son propre monde psychique.

Le son contribue également à réguler le besoin d'excitation. Parfois, il aide à décharger des émotions et des sensations comme lorsqu'une musique dramatisée et des bruitages angoissants accompagnent une montée en tension. Il peut aussi arriver que le sonore ait des effets énergisants ou sédatifs. La musique diffusée pendant les pages de téléchargement aide le joueur à patienter. Elle peut être aussi un moment de montée en tension pendant lequel le joueur se prépare à l'action. Enfin, le sonore a un pouvoir d'évocation qui ramène à la mémoire du joueur les parties passées. Elle le ramène également à la mémoire commune de la communauté des *gamers*. La petite musique de Zelda ou les « blip » de Mario sont les madeleines de Proust par lesquels toute une génération partage des émotions et des sentiments.

Les jeux vidéo permettent également à l'agressivité de s'exprimer, dans des formes socialement acceptées ou de façon transgressive. Les arènes de *World of Warcraft* sont un bon exemple de la manière dont l'agressivité peut être canalisée par un ensemble de règles. Les joueurs se retrouvent dans des combats en équipe. Ils doivent s'appuyer sur les compétences de leurs partenaires et définir rapidement les bonnes stratégies. L'agressivité peut aussi prendre des formes plus transgressives comme lorsqu'un joueur utilise les failles du programme pour en tirer un avantage sur les autres joueurs. Elle peut aussi prendre la forme de conduites anti-jeu lorsque le joueur enfreint sciemment les règles établies par la communauté des joueurs.

Par la richesse de leurs mondes scénaristique et imagée, les jeux vidéo sont également des stimulants de l'imaginaire. Les jeux vidéo proposent des environnements extraordinaires dans lesquels les occasions de succomber à la beauté sont nombreuses. La visite d'une ville comme la puissante et industrieuse Forgefer, la beauté des personnages de Aion, l'harmonie d'un mouvement de troupes dans *Shogun Total War* ou dans un round de *Call of Duty*, les effets de lumière ou les environnements sonores sont d'intenses stimulants de l'imaginaire. Parfois, l'effet est si important, que le joueur souhaite garder un souvenir de ce moment et fait une capture d'écran qu'il partage ensuite avec d'autres joueurs sur les plateformes sociales comme les forums ou les réseaux sociaux. Les narrations sont de plus en plus complexes comme le montre des jeux tels que *Red Dead Redemption*, *Assassin Creed* ou *L.A. Noire* qui sont riches en surprises scénaristiques. Les jeux vidéo se rapprochent de l'écriture cinématographique et des séries télévisées et en même temps ils modifient profondément ces deux médias.

Une chercheuse américaine, Cheryl K. Olson, a montré que le jeu vidéo peut-être une sorte de boîte à outils que les enfants utilisent dans la construction de leurs vies sociales et de leurs identités. Elle donne trois grands types de motivation à joueur aux jeux vidéo. La première est sociale. Les jeux vidéo sont devenus un ingrédient important de la vie des enfants et des adolescents. Jouer aux jeux vidéo, c'est faire quelque de commun avec d'autres enfants et donc d'avoir quelque chose à partager avec eux. Les jeux vidéo sont utilisés à la fois pour créer de nouveaux liens et pour approfondir des liens existants.

L'effet « ciment social » est si important qu'il avait été repéré par un psychologue de Bordeaux, François Lespinasse, chez des enfants présentant des troubles graves de la personnalité. Le psychologue avait remarqué que lorsque les enfants parlaient de jeux vidéo, leurs interactions étaient bien meilleures, ce qui l'avait ensuite amené à animer un atelier thérapeutique avec Super Mario comme médiateur ! Le jeu vidéo est une occasion de se lier avec des inconnus ou d'approfondir des relations existantes. La socialisation se produit à l'occasion des conversations que les jeux vidéo génèrent et au cours des parties. Elle se produit également lors des parties, qui sont autant d'arènes dans lesquelles les statuts sociaux peuvent être établis ou contestés.

La seconde motivation à jouer est émotionnelle. Les jeux vidéo sont utilisés comme régulateurs par les enfants pour évacuer leur colère, leur stress, ou s'évader des soucis du quotidien. Ils peuvent également être investis pour les défis qu'ils posent à l'intelligence. Les objectifs à atteindre sont en effet autant de problèmes que l'enfant doit résoudre en s'appuyant sur les connaissances acquises au cours des parties ou en inventant de nouvelles solutions. Outre cet aspect cognitif, les jeux vidéo sont également des scènes sur lesquelles il est possible de s'inventer autrement. Cet aspect est surtout utilisé par les adolescents qui peuvent ainsi s'essayer à de nouveaux rôles sans que cela ait de conséquences. Les adultes retiennent souvent la violence des images de certains jeux vidéo. Mais bien plus que la violence, ce que les enfants retiennent de ces jeux est le sentiment de puissance. Cela peut se comprendre du fait que dans le monde des enfants, la puissance est détenue par les adultes. Les enfants dépendent des grandes personnes pour la satisfaction de leurs besoins vitaux et pour leurs plaisirs. Le fait d'incarner une entité puissante comme un soldat sur un champ de bataille, ou le créateur d'une ville, permet gouter aux plaisirs et aux responsabilités des adultes. Au-delà des rôles transgressifs, une des motivations à jouer est de se laisser aller au plaisir de se situer dans un espace de créativité. C'est alors l'expression de soi qui est privilégiée. La créativité peut passer par la programmation, comme lorsque le jeu vidéo initial est modifié (*modding*), par la création de contenus en lien avec l'univers du jeu (*fan fictions, machiminas*) ou par le jeu de rôle.

Ainsi, par ses affordances, le jeu vidéo peut répondre à différentes motivations. Ils nourrissent les vies sociales, émotionnelles, et cognitives des joueurs parce qu'ils permettent d'entretenir des liens, de réguler ses émotions et de mettre à l'épreuve son intelligence.

• *Le jeu vidéo comme initiation*

L'initiation est l'action qui permet de recevoir la connaissance de certaines pratiques et la cérémonie qui fait accéder un individu à un nouveau groupe d'appartenance. Elle fait l'objet, dans les sociétés traditionnelles, de rites particuliers que l'on appelle les rites de passage.

Dans la description maintenant classique qu'il en a donnée, l'ethnologue Arnord Van Gennep donne trois temps logiques aux rites de passage :

1- L'individu est séparé de son groupe d'appartenance ;
2- Il vit en marge de la société ;
3- Il est réintégré dans son groupe avec un nouveau statut.

Ces rites de passage, extrêmement visibles dans les sociétés traditionnelles, prennent des formes nouvelles dans les sociétés modernes. Cela s'explique par le fait que les sociétés traditionnelles sont très segmentées. Elles ont donc besoin de ponts comme les rites d'initiation pour aider les individus à passer d'un segment à l'autre. Dans les sociétés modernes, la différence entre les segments tend à s'effacer. Les rites de passage ne disparaissent pas pour autant, car le besoin des individus de pouvoir se situer dans la société reste intact. Les rites de passage sont donc toujours nécessaires. On les trouve moins sous leur forme pure et davantage sous des formes mixtes. Les grands rites avec leurs théâtralités, leurs rituels réglés, leurs lieux consacrés, la distinction entre les célébrants et l'audience sont remplacés ou entrent en concurrence avec des ritualités métisses ou « sauvages ».

Les jeux vidéo font partie des nouvelles ritualités inventées par la culture aux enfants pour se situer dans leurs classes d'âge, passer les petites et les grandes crises de ce qui fait une vie et pour s'orienter dans des sociétés caractérisées par le changement perpétuel. Ils sont initiatiques au sens de Van Gennep parce qu'ils reprennent les moments de séparation et de réintégration. Ils séparent le joueur de l'expérience banale. Durant le jeu, le joueur vit des expériences extraordinaires. Il est en contact avec des puissances et des entités qui le surpassent en force ou en nombre. Il doit trouver en lui les qualités de courage, d'audace, de persévérance et d'intelligence pour progresser dans le jeu. Le jeu vidéo, parce qu'il est une expérience marginale, lui permet de vivre et d'expérimenter des choses qui ne peuvent être vécues dans l'environnement habituel. Enfin, au terme de sa partie, le joueur revient dans son groupe de départ, au mieux transformé positivement par ce qu'il a vécu.

Les jeux vidéo sont également initiatiques parce qu'ils sont le premier point de contact entre les enfants et les matières numériques. Autour du cours préparatoire (CP), point pivot du développement des enfants dans notre culture, les enfants font souvent leurs premiers pas dans les jeux vidéo. Ils apprennent la grammaire de base des jeux : créer un personnage, se déplacer, interagir avec l'environnement.

Mais le plus important est sans doute les apprentissages collatéraux qu'ils font à l'occasion de ces parties. De la même manière que les générations précédentes ont appris à déchiffrer une page de journal, les enfants apprennent où se trouve l'information pertinente sur un écran. Ils apprennent également qu'elle est dynamique : l'information n'est pas toujours disponible, elle apparait à des moments particuliers, et elle est régulièrement mise à jour. Par exemple, dans les jeux de combats, une jauge d'énergie permet de porter de coups plus puissants qu'a l'ordinaire. À certains moments, critiques, il est important de garder un œil sur sa jauge d'énergie pour pouvoir déclencher ces coups aussitôt que possible. Mais il est inutile, et même contre-productif de la contrôler à chaque instant de la partie.

Les jeux vidéo sont initiatiques dans leur expérience. Les enfants qui commencent à en jouer n'en saisissent généralement pas tous les aspects. De *Pokemon*, ils retiennent au départ uniquement qu'il faut répétitivement appuyer sur le même bouton. Puis, avec les progrès effectués en lecture, ils approfondissent l'histoire des différents protagonistes de l'histoire. Ils organisent différemment leurs combats en abandonnant l'usage de la force brute. Ils organisent des équipes plus équilibrées et des stratégies plus complexes. Une des grandes forces des jeux vidéo est qu'ils sont une sorte d'expérience fractale : il est possible d'avoir 100 % de plaisir à jouer en ne jouant qu'avec 10 % du jeu. Habituellement, le jeu est possible après avoir intériorisé un ensemble de règles. Les jeux vidéo permettent d'intérioriser les règles en jouant. Aucun autre jeu ne permet cela. Cette approche permet au jeu d'être toujours adapté au niveau de compréhension et de compétence de joueur. Le joueur peut ainsi passer par des niveaux de complexité de plus en plus grands au fur et à mesure que sa compréhension du média augmente.

Les jeux vidéo initient les enfants à un autre aspect. Il ne s'agit plus d'éléments cognitifs, mais sociaux. Les apprentissages se font au cours d'interactions avec des pairs. C'est en jouant avec d'autres enfants ou en regardant d'autres enfants que les enfants apprennent. Ils font une expérience inédite puisque c'est encore un adulte qui habituellement porte les connaissances aux enfants. Les enfants découvrent avec les jeux vidéo une transformation essentielle de notre société. Les jeux vidéo s'appuient en effet largement sur la loi des frères, les logiques horizontales et les liaisons. Ils sont une image d'un processus appelé « tribalisation » par le sociologue Michel Maffesoli qui montre que nos sociétés s'éloignent des éléments comme la loi des pères, la verticalité et la séparation (des pouvoirs, des sexes, des générations) sur lesquels elles se sont appuyées pendant des siècles.

3- Le jeu vidéo et la théorie de l'autodétermination

Depuis les années 1970, Edawrd Deci et Richard Ryan, professeurs à l'université de Rochester, ont proposé différentes reformulations théoriques de la motivation. Leur théorie de l'autodétermination postule l'existence de trois besoins psychologique de base dont la satisfaction est nécessaire à l'individu pour atteindre un optimum en termes de développement personnel et d'expérience de satisfaction. Il s'agit des besoins de compétence, de relation sociale et d'autonomie.

La compétence est valorisée lorsque la personne a le sentiment d'interagir efficacement avec son environnement et d'exercer ses capacités. L'appartenance sociale fait référence au sentiment de connexions réciproques et plus sûres avec les autres. Ce besoin est primaire et sa satisfaction ne dépend pas d'autres besoins sociaux, comme la protection ou la satisfaction sexuelle. L'autonomie correspond à la perception d'être à la source de ses agissements. L'individu vit alors son comportement comme une expression de son *self,* qu'il agisse par intérêt pour l'activité ou en fonction de valeurs auxquelles il adhère.

Ces besoins internes sont une des grandes forces qui déterminent nos conduites dans leur initiation, leur direction, leur intensité et leur persistance. Elles sont regroupées sous le terme de motivations intrinsèques. Elles correspondent aux actions que l'on effectue pour le plaisir qu'elles suscitent. La seconde grande source de nos comportements est les motivations extrinsèques qui renvoient aux actions que l'on effectue pour atteindre un but détaché de l'action.

Pour Deci et Ryan, les incitations sous forme de récompenses ou de punition ne sont que des adjuvants par rapport ces besoins primaires. Toutes les récompenses, des plus concrètes aux plus symboliques, diminuent la motivation intrinsèque. Il n'y a que lorsque l'activité est recherchée pour elle-même que l'individu vit un sentiment de plénitude, d'efficacité et de liberté. La théorie de Deci et Ryan prolonge la théorie de la motivation de Bandura. Pour Bandura, la motivation est créée par la différence entre le but à atteindre, et le standard personnel. Ici, le point de vue est plus quantitatif. Si cette différence est importante, le plaisir obtenu en cas de réussite le sera tout autant. Mais si elle est trop importante, elle aura au contraire des effets inhibant voire démotivants.

Ce détour par la théorie permet de mieux comprendre les jeux vidéo et l'attrait qu'ils exercent. Les jeux vidéo correspondent au premier groupe de motivation. Ils sont principalement joués pour l'expérience qu'ils procurent et non pas pour les avantages que l'on peut en tirer. Ils sont aimés pour les sensations de liberté, d'efficacité et d'autonomie qu'ils apportent.

Dans leur forme générique, les jeux vidéo donnent une quête à accomplir. Les objectifs à atteindre sont toujours clairement exprimés de même que les conditions de réussite. La difficulté est adaptée aux compétences du joueur. Parce que le joueur a le sentiment de se sentir à l'origine de ses actions, le jeu vidéo satisfait le **besoin d'autonomie**. En manipulant le personnage de jeu ou le curseur sur l'écran, le joueur se sent à la fois actif et maitre de ses actions. Il est acteur d'un monde qu'il contribue à créer par ses actions. Il se vit également compétent parce qu'il est efficace. Le **besoin de compétence** se vit dès la prise en main du jeu. Les effets de chaque action sont immédiatement identifiables du fait d'un feedback continu de l'information. Le joueur sait donc à chaque instant ce qu'il fait et identifie les actions efficaces. Dans le monde des jeux vidéo, cette compétence est très valorisée. Il ne s'agit pas seulement de faire, ni même de bien faire. Faire et bien faire sont des étapes vers l'excellence. La recherche du mouvement parfait et du geste pur, et de la perfection se traduisent dans les jeux vidéo par des *tricks,* c'est-à-dire des mouvements inutiles que l'on exécute pour le plaisir et la démonstration de sa maîtrise de l'environnement.

Les concours visant à finir un jeu le plus rapidement (*speed runs*) en exploitant toutes les ressources possibles, des raccourcis aux bugs du jeu, en sont d'autres exemples. Enfin, **le besoin d'être en relation** est satisfait à la fois autour du jeu et dans le jeu. Les évènements comme les salons du jeu vidéo permettent à des milliers de personnes de partager une passion commune. Le jeu vidéo est alors un prétexte pour se retrouver. En ligne, les joueurs se regroupent en clans ou en guildes. Ils y vivent ce que l'on vit dans tous les groupes : le plaisir d'être ensemble, de mettre en ses compétences au service des autres et de rivaliser avec d'autres groupes.

La difficulté graduée des jeux vidéo permet également de progresser sans rupture dans la satisfaction des besoins de base. Les premiers niveaux sont très faciles puis les objectifs sont peu à peu mis juste au-delà de ce que le joueur sait faire habituellement. De cette manière, le différentiel entre ce que le joueur sait faire et ce qu'il doit apprendre s'accroit peu à peu, ce qui satisfait le besoin de compétence. En effet, la compétence du joueur n'est jamais mise en défaut, car le jeu l'assiste lors des premiers niveaux en lui montrant ce qu'il doit faire avant de le confronter à une complexité de plus en plus grande. Le plaisir de l'autonomie est donc toujours au rendez-vous, car le joueur garde la sensation d'être d'une grande liberté. Enfin, le joueur trouve toujours d'autres joueurs qui sont à son niveau de compétence pour jouer, ce qui permet de satisfaire son besoin de relation.

Le jeu vidéo est un objet de plaisir pur parce qu'il satisfait les besoins psychologiques de base. Il ouvre au plaisir de la découverte, de la maitrise de la difficulté, de l'autonomie, de la compétence et de la relation à l'autre.

4- Le plaisir des jeux vidéo dans le développement de l'enfant

Une autre façon de comprendre le plaisir des jeux vidéo est de prendre en compte le développement psychoaffectif de l'enfant. Celui-ci n'est plus compris par rapport à ses caractéristiques propres ou par les besoins psychologiques que le joueur satisfait au travers lui, mais plutôt au regard du niveau de maturation qu'il satisfait.

Les théories du jeu distinguent trois grandes étapes dans le développement du jeu chez l'enfant. Dans un premier temps, l'enfant joue en s'appuyant sur l'expérience de son corps propre et dans l'interaction avec les adultes qui l'environnent. Couché sur le dos, puis assis, l'enfant manipule de petits objets. Les vocalises, les jeux de mains, les massages, les bercements des adultes le ravissent. Les emboitements et les encastrements permettent les plaisirs des bonnes concordances tandis que le caché-trouvé permet de jouer avec l'absence et les retrouvailles. Le second moment est celui des jeux symboliques. Au cours de ces jeux, l'enfant se sert de la fonction de représentation. Il joue en faisant semblant. Les jeux de rôle mettent en scène les figures de l'imaginaire social (le voleur, le soldat, le docteur, etc.) tandis que la fonction de représentation lui permet de faire autre chose avec la même chose (un bout de bois devient une épée, une boite en carton un bateau, etc.). Enfin, dans un troisième temps, les jeux deviennent sociaux. L'enfant joue avec des partenaires en fonction de règles construites au fil du jeu (« on dirait que tu serais… ») ou préexistantes au jeu, comme quand il joue aux cartes ou à des jeux de plateaux.

Les jeux vidéo reprennent tous ces éléments. Ils sont sensori-moteurs parce qu'ils nécessitent des actions sur une interface de jeu. Ce n'est plus la motricité digitale qui est sollicitée, mais le corps dans son entier ! Certains jeux, comme *Rock Band* ou *Dance Dance Révolution* sont basés sur l'interaction sensori-motrice. Le principe de ces jeux est d'agir en fonction de ce qui apparait sur l'écran : il faut appuyer sur le bon bouton ou effectuer le mouvement correct au bon moment. Les afférences visuelles et auditives sont sollicitées ainsi que la sortie motrice. La motricité peut être périphérique ou globale, selon que le joueur utilise une manette ou non. L'évolution des systèmes de jeu accentue encore cet aspect. En effet, la Kinect (Microsoft), le PlayStation Move (PlayStation) ou la Wii (Nintendo) sont basés sur le plaisir des bons accordages entre le joueur et les images. Dans tous ces jeux, le joueur retrouve le plaisir des bons accordages.

Faire quelque chose en rythme ramène à une expérience particulièrement importante dans le développement humain. Elle a été nommée accordage affectif par le psychanalyste Daniel Stern. Au cours de cette expérience, le bébé et un adulte interagissent dans des modalités sensorielles différentes. Par exemple, le bébé babille et l'adulte l'accompagne en frappant dans ses mains. Le rythme va crescendo et s'achève dans une explosion de rires partagés. Un autre psychanalyste, Serge Tisseron, a montré que les accordages premiers peuvent être remis au travail avec les jeux vidéo. Un enfant sous-stimulé investira les jeux vidéo pour l'excitation qu'ils procurent tandis qu'un enfant surstimulé aura plaisir à exercer ses capacités de contrôle dans l'espace de jeu.

Les jeux vidéo sont également symboliques, car les objets présentés sur l'écran ne sont jamais que des images. L'image a toujours des potentialités symbolisantes car elle est une représentation. Elle donne forme et sens à ce que chacun peut pressentir à l'intérieur de soi. L'investissement prévalent d'un type d'image est toujours lié à quelque chose qui reste en attente de symbolisation. En d'autres termes, si un joueur va préférentiellement vers les images violentes, c'est parce qu'il cherche à intégrer la question de la violence.

Par ailleurs, les rôles incarnés par les joueurs ne sont jamais que des identifications imaginaires. Aucun joueur n'est totalement identifié à son personnage de jeu. Un joueur sait qu'il n'est pas Sonic le hérisson ni le Major Spartan John-117 de *Halo*, même si au cours de la partie il goute pleinement au plaisir de l'extraordinaire vitesse de l'un et de la puissance de feu de l'autre. Mais de la même façon qu'un enfant est un preux chevalier lorsqu'il brandit un bâton, le joueur est aussi ce qu'il joue à l'écran. Le jeu vidéo est une façon d'entrer dans le « cercle magique » de Johan Huizinga[14] du jeu à l'intérieur duquel la réalité le régime de la réalité n'a plus la même importance.

Enfin, les jeux vidéo sont également sociaux parce que jouer à un jeu vidéo, c'est jouer avec quelques-uns et contre quelques autres. Les joueurs négocient et élaborent ensemble ce qu'est être un bon joueur, au sens du joueur compétent, mais aussi du fair-play. Cet aspect social existait avant l'internet puisque les joueurs se retrouvaient autour d'une borne d'arcade ou jouaient à tour de rôle avec le même jeu vidéo.

14. *Cf.* Johan Huizinga, *Homo-ludens. Essai sur la fonction sociale du jeu*, écrit en 1938, réédité sous le titre *Homo ludens*, Gallimard, 1988.

L'internet a porté cet aspect à une nouvelle dimension, en permettant à des personnes de se retrouver quelle que soit leur localisation géographique. Qu'ils soient de Paris ou de Dakar, les joueurs de jeu vidéo partagent les connaissances et les expériences qui leur sont nécessaires pour jouer ensemble. Les affordances sociales du jeu et leur adossement au réseau ont conduit à la production d'une culture globale du jeu vidéo.

– 5 –

Pourquoi nous aimons les jeux vidéo

Les jeux vidéo sont des objets de plaisir pur parce qu'ils sont des environnements extrêmement riches dans lesquels il se passe toujours quelque chose. Le joueur est sollicité sur plusieurs modalités sensorielles. Les animations du personnage et des objets, les bruitages, les vibrations de la manette l'immergent dans un bain d'excitations visuelles, sonores et tactiles. Ces excitations ne sont pas continuelles, mais surviennent juste au bon moment, pour attirer l'attention du joueur sur un élément ou pour relancer son intérêt. Le caractère imprévisible des évènements est un des attraits du jeu vidéo. Ils nécessitent de rester en alerte pour saisir l'imprévisible.

Par les univers extraordinaires qu'ils dépeignent et les histoires fabuleuses qu'ils racontent, les jeux vidéo permettent de s'évader. La réalité banale, dans ce qu'elle a de contraignant, de fade ou de répétitif, n'a plus cours. Le joueur évolue dans des paysages magnifiques, parcourt des galaxies spirales, est à la cour du roi quand il n'est pas roi lui-même. Il est possible de s'approcher du quotidien d'autres formes de vie : pourquoi ne pas être une fourmilière ? Ou d'une des espèces de l'univers de Star Wars ? Le quotidien peut même être objet de jeu dans des simulations de vie et se transformer en quelque chose d'attrayant.

D'autres seront peut-être tentés par l'incarnation d'images de puissance et de force. Les personnages guerriers sont pléthore dans l'univers des jeux vidéo. Le barbare cimmérien, le général romain, le ninja, le soldat d'infanterie, le mercenaire ont tous une place dans le Panthéon des jeux vidéo. La puissance peut aussi se vivre grâce au contrôle de toutes sortes d'engins (les véhicules militaires avec leurs blindages, leur vélocité ou leur puissance de feu offrent des combinaisons intéressantes entre puissance et furtivité), ou au travers d'engins civils comme les camions de pompier, les voitures de course, les avions et les fusées.

Être reconnu et distingué parmi ses pairs est facilité par les systèmes de classement qui accompagnent les jeux vidéo. Les distinctions sont visibles directement sur l'équipement du personnage ou sur sa feuille de personnage. Des systèmes de badges ou de hauts faits dressent une carte d'identité des distinctions de chacun. Certaines sont rares, d'autres nécessitent un temps de jeu important ou encore une grande habileté. Toutes ces insignes différentient et distinguent ceux qui les portent de la masse des autres joueurs qui les reconnaissent immédiatement comme des joueurs particuliers.

À l'intérieur du système de jeu, les scénarios joués peuvent reprendre des problématiques communes à tout individu. La question de la séparation des figures parentales est universelle, tout comme le sont les incertitudes quant à l'identité, les conflits avec l'autorité, la nécessité d'accepter suffisamment la réalité. Ces questions sont rencontrées à l'intérieur des jeux vidéo de façon plus ou moins explicite. Par exemple, dans le jeu *Pokémon*, Sacha quitte sa mère pour devenir « le plus grand dresseur de Pokémons ». Le joueur vit au travers de lui une série d'épreuves à l'issue desquelles il grandit. Il découvre de nouveaux territoires, de nouveaux pokémons, et de nouveaux adversaires. Le jeu est une immense quête initiatique qui métaphorise le développement des enfants. En effet, comme Sacha, ceux-ci doivent se séparer de leurs parents, prendre le risque de quelques aventures, rencontres et conflits.

Les transformations du personnage de jeu ou les changements de personnages dans le même jeu permettent de se laisser aller au plaisir des jeux d'identité. Il est possible de se vivre avec plusieurs identités distinctes, chacune ayant son histoire et sa personnalité. Il est également possible de se vivre comme la même personne dans des apparences distinctes. Le plaisir est ici celui du changement de forme au gré des désirs et des fantasmes, sans que cela porte atteinte au sentiment de continuité de soi.

Les jeux vidéo sont des objets de plaisir parce qu'ils satisfont des stimulants, des ingrédients de l'imaginaire, et qu'ils sont des occasions de créer ou d'approfondir des liens. Ils satisfont les besoins d'excitation, d'évasion, les désirs de puissance et de distinction, et permettent de reprendre des problématiques communes au développement de chacun, comme la séparation d'avec les figures parentales ou le rapport à l'autorité.

1- Les mécanismes des jeux vidéo

Après avoir vu comment les jeux vidéo sont des objets de plaisir pur, il nous reste maintenant à entrer dans la machinerie des jeux vidéo. Quels sont les mécanismes qui suscitent tant de plaisir ? Quels sont les processus par lesquels se produit cette relation si intense entre le joueur et le jeu vidéo ? Trois processus président aux plaisirs des jeux vidéo : l'héroïsation, la symbolisation, et l'immersion.

• *L'héroïsation*

Jouer à un jeu vidéo, c'est incarner la figure antique du héros. Le héros est celui qui se dresse face à une injustice ou une imposture. Dans les jeux vidéo, il s'agit toujours de sauver une princesse, le monde, l'univers, une entreprise, une équipe de foot, des otages, ou sa propre vie. Même un jeu vidéo comme *Tétris* dans lequel il faut encaster des formes qui tombent du haut de l'écran transforme le jeu en héros puisqu'il faut se battre contre la catastrophe annoncée du mauvais empilement. Qu'il soit Sisyphe ou Hercule, le joueur de jeu vidéo est toujours celui qui ne se satisfait pas du monde tel qu'il est.

D'une façon générale, les jeux vidéo reprennent les figures du conte et du mythe. On doit au formaliste russe Vladimir Propp d'avoir montré que les contes sont construits sur la même structure. On peut les résumer de la manière suivante : l'ordre du monde est menacé, et le héros reçoit un appel à l'aventure. L'acceptation de l'appel le conduit à différentes épreuves ou il recevra de l'aide sous la forme d'objets ou de compagnons. Il combat l'agresseur, reçoit une marque ou un signe distinctif, et établit un ordre nouveau, meilleur que le précédent. À son retour, le héros est reconnu et fêté. Il peut utiliser le prix de ses aventures. Cette trame est une mise en récit de l'existence humaine, avec ses drames, ses épreuves et ses bons moments. Elle est commune aux contes, aux mythes et aux jeux vidéo. Les jeux vidéo sont en effet la nouvelle manière de raconter une histoire. Ils s'appuient sur les mêmes procédés et structures que l'on utilise pour le cinéma, le roman, le théâtre ou les contes.

Dans les jeux vidéo, cette dramaturgie est reprise avec cette différence que le joueur est à la fois producteur et spectateur du récit. Généralement, au début du jeu, une cinématique présente l'élément déclencheur. Le joueur se retrouve ensuite aux commandes juste pour accepter l'appel à l'aventure. Le joueur est alors plongé dans des péripéties jusqu'au dénouement. L'imaginaire héroïque est déplié au fil des actions effectuées par le joueur. Chaque clic fait évoluer le personnage d'une situation initiale ou l'ordre du monde a été troublé à une situation finale dans laquelle les actions du héros-joueur dénouent tous les conflits du monde. Au cours de ses aventures, le joueur reçoit de l'aide sous la forme de personnages joueurs ou d'objets qui augmentent temporairement ses capacités (*power-up*) de la même manière que les héros des contes de fées reçoivent l'aide d'une fée ou d'un objet magique.

Ce sont sans doute les jeux guerriers qui traduisent le mieux l'héroïsation dans les jeux vidéo. Les jeux vidéo permettent de se tenir sur tous les champs de bataille, des guerres puniques à l'Afghanistan en passant par les mondes imaginaires de la Terre du Milieu ou de Star Wars. Ce contexte guerrier n'est pas juste la satisfaction de désirs agressifs ou violents. Elle est une manière de connaissance de soi par laquelle chacun peut s'approprier ou se réapproprier les vertus du courage et des épreuves qualifiantes. Avec les jeux vidéo, chacun peut retrouver des situations qui métaphorisent les épreuves à traverser pour effectuer les transformations nécessitées par le travail de grandir.

Les jeux vidéo sont une autre manière de mettre en forme l'imaginaire humain. Les premiers conteurs ont utilisé les mots pour évoquer des images dans leur auditoire. Le cinéma utilise les images pour évoquer des histoires chez les spectateurs. Les jeux vidéo utilisent des images, des histoires et des actions.

• *La symbolisation*

Pour l'être humain, vivre c'est symboliser. C'est traduire des sensations et des émotions en idées, accessibles à soi-même, et traduisibles aux autres en paroles. Par la symbolisation, il produit des représentations imagées et verbales de ses expériences, pour mieux les intérioriser et les rendre partageables à d'autres êtres humains. En d'autres termes, la symbolisation est le processus qui permet de transformer un événement interne en l'installant à l'intérieur de soi et en en faisant quelque chose de partageable avec d'autres, sans que cela soit préjudiciable à la personne concernée ou aux autres. Elle figure des éléments de la vie psychique.

Les jeux vidéo sont des occasions de symbolisation, car ils reprennent les enjeux narcissiques, les relations avec les autres dans leurs versants agressifs et érotiques ainsi que les fantasmes originaires (fantasmes de séduction, de scène primitive, de vie intra-utérine et de castration). Ils mettent en scène des désirs et des angoisses que chacun a pu traverser au cours de son développement. Ils aident ainsi le joueur à se donner des représentations de ses états psychiques, de ses possibilités de maitrise et de développement.

La symbolisation se fait dans le sens du sujet vers le monde extérieur et du monde extérieur vers le sujet. Le premier mouvement favorise la production de représentations puisque par ses actions, la personne se met sous les yeux des éléments de son fonctionnement psychique. Le second mouvement aide à élargir le fonctionnement psychique en intégrant des éléments qui étaient jusqu'à présent insuffisamment pris en compte. Ces deux mouvements sont mis en jeu dans les jeux vidéo. Par exemple, les jeux de rôle et les identités assumées en ligne sont le moyen de projeter des parties de soi afin de les reconnaitre en les retrouvant dans le monde extérieur. En choisissant toujours les mêmes types de personnages, en jouant toujours de la même façon, le joueur se donne des occasions de prendre conscience de son fonctionnement psychique. Cette prise de conscience n'est toutefois pas automatique. Elle est possible et facilitée par l'échange en paroles avec une autre personne de ce qui a été vécu au travers du jeu vidéo. Le jeu vidéo, pas plus qu'aucun média, n'est symbolisant en soi.

Un des grands intérêts du jeu vidéo est qu'il permet au joueur d'aller à son rythme et de se poursuivre sur un temps plus ou moins long. La partie peut être mise en pause si la tension est trop grande. Elle peut être reprise si une phase de jeu a été manquée. Ainsi, les symbolisations peuvent se produire sur le long terme, parties après parties. En d'autres termes, le cercle magique du jeu et de ses symbolisations peut à la fois s'ouvrir et se refermer au gré des impératifs de la vie quotidienne, et du rythme du travail psychique effectué. Ce sont les éléments qui sont restés problématiques dans la psyché du joueur qui sont ainsi remis au travail de la symbolisation. Il peut s'agir de questions personnelles, comme les problématiques liées à la séparation entre les individus et les images parentales ou les questions d'identité.

Les jeux vidéo peuvent aussi reprendre ce qui est resté problématique pour toute une génération. Les documents relatifs à la Seconde Guerre mondiale ont longtemps été relativement rares. Enerst Hemingway avait donné un récit poignant de « l'inconfortable, l'insupportable, la dure solitude des soldats allant au combat » et Cornelius Ryan plusieurs livres sur les opérations alliées, dont un sur le débarquement de Normandie et un autre sur l'opération Market Garden. Mais ce sont leurs versions cinématographiques qui ont permis de toucher le plus grand public. Tout le monde se souvient de quelques scènes du film *Le jour le plus long.* En France, lors de sa première diffusion télévisuelle en 1978, le nombre de postes de télévision allumé pour visionner le film était tel, que le réseau électrique fut saturé dans plusieurs régions.

Le déficit d'images et de représentation a surtout été comblé par les jeux de guerre qui ont multiplié les occasions de rencontre avec l'histoire de la Seconde Guerre mondiale. De El Alamein à Omaha, en passant par Iwo Jima et Kursk, il n'est pas un champ de bataille qui n'a été rejoué. Les véhicules, les armes, les uniformes, les bataillons et les armées ont tous été reproduits. Les jeux de guerre ont intensément exploré la Seconde Guerre mondiale pour au moins deux raisons. La première est qu'elle est propice aux mouvements d'héroïsation. Les bons et les méchants sont clairement identifiés, et la fin du conflit est favorable à la morale. Dans la peau d'un GI, d'un pilote de la RAF, aux commandes d'un sous-marin, il est possible de faire ce que chaque héros fait : sauver le monde. La seconde raison est que nous manquons singulièrement d'images pour nous représenter des moments pourtant si importants dans notre histoire moderne. Pour penser le débarquement de Normandie, nous avons les images de Frank Cappa. Mais ces images traduisent mal ce que les *boys* ont pu vivre le 6 juin 1944. *Le jour le plus long*, *Il faut sauver le soldat Ryan*, et la série *Band of Brothers*, permettent de s'en approcher davantage. Les jeux vidéo offrent de nouvelles possibilités en impliquant profondément le joueur. Reconnaître les différentes armes devient important, la taille de la plage est mieux appréciée, et l'inhumaine mesure de la guerre est mieux reconnue.

Au-delà de l'héroïsation, le plaisir tiré de ces jeux tient au fait qu'ils permettent de s'approcher un peu de l'indicible. Les vétérans des champs de bataille font très rarement part de ce qu'ils ont vécu. Les jeux vidéo donnent une traduction de « l'inconfortable, l'insupportable, la dure solitude des soldats allant au combat ». Ils aident à se former des images et des émotions de ce qui a été vécu au moment des combats. Ils offrent des occasions de parler avec d'autres du conflit. Ils donnent des représentations visuelles des champs de bataille, des hommes des équipements, des schémas tactiques et stratégiques déployés. En d'autres termes, ils permettent des symbolisations sensori-motrices, affectives et verbales, et imagées.

• *L'immersion*

Être au cœur de l'action est la grande promesse des jeux vidéo. Jouer à un jeu vidéo, c'est piloter un Sopwith Camel, ramasser de l'épice sur Arrakis, suivre Arthas à Lordaeron, être dans le peloton au coude à coude avec d'autres cyclistes, etc. C'est être au cœur d'une action vibrante, immergé dans des maelstroms d'histoires et de stimulations.

L'immersion dans les jeux vidéo est complexe. Elle est au moins triple : sensori-motrice, imagée et narrative. L'immersion sensori-motrice correspond aux gestes qu'il faut effectuer au cours du jeu. L'immersion imagée correspond au sentiment d'être enveloppé dans l'image tandis que l'immersion narrative correspond au sentiment de maitriser parfaitement l'univers narratif du jeu vidéo.

Un jeu vidéo, comme *La légende de Zelda : l'ocarina du temps* permet de bien saisir ces différentes formes d'immersion. Dans ce jeu, le héros, Link, possède un instrument de musique qui joue un rôle capital : un ocarina. Le joueur joue des mélodies qui ont des effets différents. Il est possible de passer du jour à la nuit, d'invoquer une tempête ou se téléporter dans un autre espace du monde. Mais les mélodies ne sont pas accessibles en pressant simplement un bouton. Il faut exécuter la bonne mélodie sur sa manette de jeu ! D'une manière générale, le jeu vidéo nécessite une immersion sensori-motrice suffisante pour pouvoir être joué. Il faut que les actions sur le contrôleur de jeu se fassent sans difficulté ni réflexion. Certains jeux vidéo, comme *Rock Band*, sont pratiquement exclusivement basés sur ce principe. Le plaisir est alors celui d'une immersion dans une succession de gestes qui sont produits précisément au moment où ils doivent être produits.

L'immersion imagée est provoquée par la richesse des stimulations visuelles des jeux vidéo, mais aussi par le fait nous percevons les images comme des « territoires à explorer ».

Serge Tisseron, à qui l'on doit cette expression, a montré que les images possèdent des pouvoirs d'enveloppe et de transformation. Ces deux aspects sont mis en jeu dans l'immersion imagée lorsque le joueur est occupé à assembler, séparer ou emboiter des éléments. Les actions du joueur modifient l'image qu'il a en face de lui. Par ailleurs, les jeux vidéo privilégient les images d'effondrement, d'érection ou d'exposition, c'est-à-dire de transformation de formes. Ces deux éléments font des jeux vidéo le terrain privilégié des schèmes de transformation. Avoir la maîtrise des choses à transformer ou regarder les choses se transformer sont les deux grands plaisirs de l'immersion imagée.

Enfin, l'immersion narrative correspond à la maîtrise de l'espace narratif du jeu vidéo. Tous les jeux vidéo développent une histoire autour du héros-joueur. Même les jeux de combats dans lesquels le joueur n'a rien d'autre à faire que d'affronter une succession d'opposants développent des histoires sur les différents personnages.

Le jeu vidéo permet de naviguer entre les différentes immersions et donc de faire jouer différents types d'appropriation subjective. En effet, ce qui apparait sur l'écran est toujours en lien avec l'espace interne du joueur. L'immersion sensori-motrice est une symbolisation par le corps. Le joueur exécute des actions qui provoquent des images qui à leur tour suscitent en lui des sensations, des images et des pensées. Ce qui est recherché est ici moins les sensations que les bonnes interactions. L'immersion imagée est une symbolisation en corps du fait de la sollicitation des afférences visuelles, sonores et kinesthésiques. L'enveloppe d'excitations isole et contient le joueur du reste de l'environnement.

Enfin, l'immersion narrative est une immersion dans les mots de l'autre. Le plaisir est de mêler ses propres représentations à celles données par le jeu vidéo. Le joueur découvre un récit qui est en fait déjà là puisqu'il correspond intimement à ses propres récits. La narration du jeu vidéo est différente de celle du roman en ce sens que le joueur aura également la mémoire des gestes effectués, des lieux visités, et des parcours tandis que le lecteur gardera rarement en mémoire la succession des gestes effectués pour lire un chapitre.

2- Les jeux vidéo comme médiateurs

Un objet joue une fonction de médiation lorsqu'il soutient le travail de penser. Cela peut prendre la forme d'une mise en lien de pensées ou d'émotions. L'objet peut également articuler des subjectivités différentes. Enfin, un objet est médiateur lorsqu'il met en contact la réalité intérieure et la réalité externe.

Les jeux vidéo sont des médiateurs d'abord parce qu'ils offrent à nos émotions et nos pensées des miroirs dans lesquels nous pouvons les reconnaitre. Les jeux vidéo permettent ainsi de remettre en circulation des émotions et des pensées qui étaient jusqu'alors maintenues à l'écart du fonctionnement général de la psyché. Ce qui était réprimé ou refoulé peut être mis en jeu à l'occasion des parties.

Les émotions peuvent être classées en deux catégories. Les émotions négatives, comme la peur, la surprise, l'angoisse ou la surprise, sont éprouvées lorsque quelque chose dans le monde extérieur ne correspond pas au schéma interne de la personne. Les émotions positives, comme la joie, l'intérêt ou l'excitation, sont éprouvées lorsqu'il y a une cohérence entre les mondes internes et externes ou lorsque la différence permet de se laisser aller aux plaisirs de l'exploration et de la découverte.

Par leurs options de contrôle, les jeux vidéo offrent des options intéressantes sur la régulation des émotions. En effet, en mettant le jeu en pause ou en sauvegardant la partie, le joueur se donne des occasions d'apprivoiser la nouveauté à son propre rythme. Il est ainsi exposé à des stimuli qui n'excèdent pas ses capacités de contrôle ou de pensée. La nouveauté est alors davantage vécue comme une occasion d'exploration que comme motif d'angoisse.

La clé est ici le rapport de la nouveauté et de la répétition. Toute nouveauté bouscule notre mode de pensée habituel. Pour rétablir l'équilibre, nous avons deux manières de faire. La première est d'interpréter l'événement nouveau en fonction de schèmes préexistants. C'est ce que traduit le dicton : « Pour qui a un marteau, le monde ressemble à un clou. » La seconde consiste à modifier nos schémas internes. Ces processus ont été appelés assimilation et accommodation par le psychologue Jean Piaget et se retrouvent dans les jeux vidéo. En effet, le joueur peut utiliser le jeu vidéo comme une extension de lui-même. Il ne change pas ses propres constructions, mais trouve plaisir à les exercer dans le jeu. Il arrive également que les images qu'il a lui-même produites finissent par modifier son état interne. Le joueur oscille donc entre deux positions dont aucune n'est figée. C'est cette oscillation qui est garante d'une bonne intégration de ses expériences.

À côté de cette fonction de médiation entre « soi et soi », le jeu vidéo est aussi un médiateur entre « soi et l'autre ». Nous avons vu que les jeux vidéo servent de liant entre des individus différents. Nous allons montrer comment les jeux vidéo participent du travail de transmission qui traverse les familles et les communautés.

La transmission intersubjective est organisatrice de la vie sociale en déterminant les conditions d'inclusion au groupe, les règles, la distribution d'éléments communs au groupe et aux individus et la transmission des interdits fondamentaux. Ces conditions sont aussi le mécanisme par lequel le générationnel s'introduit dans les psychismes individuels et familiaux. Elles contribuent alors à organiser les imaginaires familiaux en s'appuyant à la fois sur les éléments collectifs que sont les mythes et le conte et les éléments individuels propres à chacun.

Les mécanismes de transmission ne s'opèrent pas uniquement de façon psychique. Ils s'appuient aussi des objets concrets. Les objets que l'on possède, que l'on partage ou que l'on hérite, sont autant d'ambassadeurs de nos transmissions[15]. Les jeux vidéo font maintenant partie des objets sur lesquels nous pouvons appuyer nos opérations de penser, qu'il s'agisse des transmissions intersubjectives ou transgénérationnelles.

En se reconnaissant comme *gamer*, les joueurs de jeu vidéo acceptent d'avoir des goîts, des expériences et des plaisirs partagés avec d'autres. En donnant lieu à des identifications entre *gamers*, les transmissions intersubjectives

15. *Cf* Serge Tisseron, *Comment l'esprit vient aux objets*, éditions Aubier Montaigne, 1999.

concourent à la production d'une culture commune à partir d'expériences partagées. La transmission intersubjective génère des références culturelles qui vont permettre à chacun de construire des représentations sur ce qu'est un bon ou un beau jeu vidéo, un jeu d'arcade ou de simulation, ou encore ce qu'il est juste ou possible de faire en ligne.

En tant qu'objets culturels transgénérationnels, les jeux vidéo permettent d'être au contact avec des représentations et des problématiques qui circulent dans les sociétés. Les jeux vidéo sont des modèles réduits dans lesquels l'enfant trouve les valeurs, les normes et les rôles qu'il aura à endosser comme adulte. On retrouve l'aspect transgénérationnel dans les thématiques qui sont données à jouer. Par leurs jeux, les petits-fils de ceux qui ont vécu la Seconde Guerre mondiale s'approprient petit à petit les expériences traumatiques vécues par leurs pères, en les transformant en gestes et en mots qui deviennent communicables.

Les jeux vidéo sont des interfaces entre les psychés individuelles et collectives. Ils aident à contenir et représenter des angoisses individuelles en s'appuyant sur des représentations sociales d'évènements historiques ou d'éléments mythiques. Les jeux vidéo contribuent ainsi à réaliser le vœu exprimé dans *Faust*, la pièce de Goethe : « Ce que tu as hérité de tes pères, acquiers-le, afin de le posséder. »

3- Les compétences que les jeux vidéo développent

Loin d'être les médias débilitants que l'on décrit, les jeux vidéo peuvent tout à fait être utilisés à des fins symbolisantes et intégratives. C'est d'ailleurs l'usage banal qui en est fait.

Ils peuvent bien entendu être utilisés à des fins de déliaison, de clivage ou de désymbolisation. Cela est plus rare, et les causes doivent en être cherchées dans la psychologie du joueur et non pas dans les propriétés du jeu, qui serait « magiquement mauvais ». Dans un cas, le jeu est une expérience enrichissante d'accorder finement fantasme et réalité. Dans l'autre, il s'agit d'une activité mutilante parce qu'elle isole et clive des expériences.

D'une façon générale, les jeux vidéo nous offrent des occasions de symboliser nos états intérieurs. Ils nous permettent de mettre en acte, en images, en émotions et en paroles des pensées ou des émotions et de les adresser à d'autres. De la même façon que nous pouvons trouver dans des livres ou des films des éléments qui nous touchent profondément et qui nous permettent de comprendre des situations personnelles, nous pouvons trouver dans les jeux vidéo des occasions de nous rencontrer et de rencontrer les autres.

Jouer avec un jeu vidéo permet d'accomplir les fonctions suivantes : l'expression de l'agressivité, la maitrise de l'angoisse, vivre des expériences, établir des contacts sociaux, intégrer sa personnalité et communiquer avec d'autres.

• *Jouer pour exprimer de l'agressivité*

L'agressivité présente dans la plupart des jeux vidéo leur vaut couramment une mauvaise réputation. Il est vrai qu'il s'agit souvent d'agresser l'autre, de s'assurer de la maîtrise de son territoire pour l'asservir ou le spolier, quand ce n'est pas l'élimination pure et simple de l'autre qui est visée. Les joueurs font toujours preuve d'inventivité pour exprimer leur sadisme. Dans les *Sims*, par exemple, il n'est pas rare que les enfants maltraitent un personnage en le laissant se noyer, ou en le soumettant à des contraintes qui le feront souffrir ou périr. Le fait qu'au travers du jeu, des enfants mettent en scène des fantasmes agressifs n'est pas nécessairement problématique. Au contraire, il est important qu'ils puissent trouver à donner libre cours à leur agressivité sans craindre la moindre rétorsion de l'environnement. La sauvegarde permet de se garder sauf de tout danger, le chargement permet de retrouver dans une situation précédente, les différents dégâts occasionnés sur l'environnement (murs, mobiliers, arbres) sont sans conséquence pour le déroulement ultérieur du jeu.

• *Jouer pour maîtriser l'angoisse*

Le jeu vidéo est un bon dérivatif à l'angoisse. Le côté répétitif de certaines séquences de jeu, la focalisation sur les objectifs du jeu maintiennent la pensée dans un cadre étroit qui lui évite de rencontrer des points d'angoisse. Le joueur peut répéter des séquences de jeu qui provoquent chez lui une angoisse inconsciente ou préconsciente afin de s'assurer une meilleure liaison avec des représentations. Les thèmes de chute, de noyade, de brûlure, les environnements de guerre sont ici mis à contribution. La répétition peut aussi être mise au service de l'autosensualité. Le joueur répète une action non pas pour attribuer un sens à une situation problématique, mais pour éviter d'y penser.

• *Jouer pour accroître son expérience*

Le jeu vidéo permet de vivre des expériences. Ces expériences sont aussi précieuses et réelles que les autres. L'important, c'est de pouvoir les vivre. Le jeu vidéo est là, comme d'autres éléments de la culture, comme les livres, la musique ou le cinéma un facteur de développement de la personnalité en donnant des repères identificatoires, en présentant des situations agressives ou érotiques, et en proposant des normes et des valeurs.

• *Jouer pour établir des contacts sociaux*

Les jeux vidéo permettent d'établir des contacts sociaux en permettant des identifications entre joueurs qui se perçoivent comme appartenant à une grande communauté, et en fournissant des types de relation à l'autre et à l'environnement. Cela est particulièrement sensible dans les jeux en ligne massivement multijoueurs (MMO) ou chaque joueur incarne un personnage spécialisé dans un type d'action (soigner, lancer des sorts offensifs ou défensifs, attaquer). Les joueurs, par leur style de jeu, expérimentent ainsi différents rôles avec les autres et avec l'environnement. Par exemple, après avoir joué suffisamment un sniper dans un FPS (ce qui nécessite de rester seul et loin du champ de bataille), un joueur pourra expérimenter le corps à corps au cœur du champ de bataille en jouant le rôle d'un fantassin.

• *Jouer comme intégration de la personnalité*

Le jeu vidéo permet de mettre en lien des éprouvés corporels et la vie psychique, la réalité interne et la réalité externe. Les éprouvés anciens (chute sans fin, mort imminente, relations aliénantes) peuvent être revécus et repensés. Le jeu vidéo permet également de penser et de vivre ce qui n'a pas été vécu, ou vécu par un autre important pour le joueur. Je pense que c'est là la principale origine de tous ces jeux de guerre qui permettent à une génération de jouer avec ce qui fut un traumatisme pour la génération précédente.

• *Jouer pour communiquer avec les autres*

Dans le temps du jeu ou après coup, le jeu vidéo permet de communiquer avec d'autres avec son vrai *self*. Les défenses, ou plus exactement certaines d'entre elles deviennent inutiles du fait du jeu vidéo qui joue comme une enveloppe protectrice. Il devient alors plus facile de mettre en avant des aspects cachés, ou retenus de son *self* et cela est d'autant plus facile que l'on sait que cette mise en avant ne blessera pas l'autre. Ainsi, on pourra jouer une petite fille apeurée ou quelque chose qui disparaît dans l'environnement, ou encore explorer plusieurs identités dans la même apparence ou plusieurs apparences avec la même identité. L'important ici est que la communication avec l'autre soit permise et maintenue dans le cadre du jeu.

– 6 –

Les jeux vidéo, ça rend pas idiot !

L'être humain se développe au contact de deux types d'environnements. Le premier est l'environnement humain. Il est constitué par les personnes qui prennent soin de lui dans son enfance, puis ses partenaires de jeu et de travail. Le second environnement décisif dans le développement humain est l'environnement non humain. Il peut s'agir d'êtres vivants, mais aussi d'objets fabriqués ou d'éléments naturels. L'importance de l'environnement non humain a été reconnue par des psychanalystes comme Harold Searles ou Serge Tisseron, qui ont montré comment les objets contribuent à la vie psychique des individus et des sociétés. Un chien, un livre, un banc sur une place peuvent être, pour une personne, des appuis nécessaires et valables de sa vie psychique.

1- L'environnement numérique

Les espaces numériques constituent un troisième environnement sur lequel nous pouvons appuyer notre fonctionnement psychique. Jusqu'à présent, les psychologues se sont surtout attachés à décrire et explorer les fonctionnements pathologiques qui peuvent être attachés aux espaces numériques. Il nous faut maintenant explorer la part la plus importante. Il nous faut reconnaître combien les espaces numériques sont des espaces d'expression et de réalisation de soi. Les mondes numériques contribuent à notre fonctionnement psychique normal.

Cette reconnaissance est difficile pour au moins deux raisons. La première est la relative nouveauté de ces espaces. Il n'aura fallu qu'une génération à l'internet pour devenir ubiquitaire, coloniser des objets comme le téléphone, la télévision, et donner naissance à de nouveaux objets comme les tablettes tactiles. La seconde raison est que nous avons toujours tendance à sous-évaluer le rôle de l'environnement non humain dans notre vie psychique, c'est-à-dire, finalement, à donner une trop grande importance à nous-mêmes.

L'environnement est défini comme ce qui entoure et contribue aux besoins d'un individu ou d'une espèce ou plus généralement comme les conditions susceptibles d'agir sur les organismes vivants. Avec le développement des usages nomades, l'internet a cessé d'être une destination exotique et lointaine. Il n'est plus un lieu où l'on se rend, mais un espace à habiter. Il est devenu un espace commun et banal nous accompagnant dans nos quotidiens. Nous y formons des projets et nous y déposons des souvenirs.

La première contribution que les espaces numériques apportent au développement normal est qu'ils sont d'un abord plus simple que l'environnement humain. L'environnement numérique peut ainsi être apprécié parce qu'il est vide des complications des relations humaines. Connecté à un ordinateur, profondément plongé dans l'édition d'un texte ou dans la modification d'une image, il est possible de se reposer de la fatigue d'être en lien avec d'autres êtres humains. L'ordinateur est un désert, mais c'est un désert qui apaise les appétits que suscite la présence d'autres êtres humains.

La seconde contribution que les espaces numériques apportent au développement normal est qu'ils sont des espaces dans lesquels la maitrise et la perfection peuvent s'exercer pratiquement sans limites. Cela est vrai plus particulièrement pour certains jeux d'arcade et de baston qui nécessitent une exécution virtuose. On retrouve également ces éléments de maitrise et de perfection dans la manipulation des textes et des images. La maitrise et la perfection ouvrent sur des sentiments de réalisation de soi et de continuité. L'environnement numérique peut aussi être un environnement dans lequel un individu prend conscience de ses capacités. Cela peut être une habilité dans un jeu, un savoir-faire numérique ou social. Certains joueurs s'investissent dans la gestion d'une guilde et doivent apprendre à gérer les conflits et les alliances qui existent dans tout groupe.

L'environnement numérique offre un espace dans lequel il est possible d'expérimenter des émotions qui sont impossibles à exprimer ailleurs. Par exemple, un joueur vivra avec intensité dans l'espace de jeu une angoisse d'abandon en lien avec des expériences plus anciennes qui sont restées inconscientes. Par sa permanence et sa stabilité, l'environnement numérique se présente comme un espace sûr dans lequel l'expérimentation est possible. Cette expérimentation concerne les émotions comme les différents aspects du *self*. Par exemple, en ligne, une personne vivra avec intensité des émotions qu'elle est incapable de vivre par ailleurs. Elle se prendra de passion pour une personne ou une activité, ou encore utilisera le réseau comme un espace de projection de ses affects négatifs. L'expérimentation peut aussi concerner des aspects du *self*. Les espaces numériques fournissent également de nombreuses occasions d'expérimenter différents aspects du *self* que ce soit en termes d'identité sexuelle ou en termes de relations d'objets. En ligne, d'autres modalités d'être en lien avec soi-même ou avec les autres peuvent être expérimentées.

L'internet ou les jeux vidéo apportent une simplification des relations humaines. Dans un jeu vidéo, les rôles de chacun sont clairement identifiés, tout comme les bonnes façons de parvenir à la réussite. Dans un réseau social, une relation peut être interrompue d'un simple clic. L'internet apporte le sentiment de faire partie d'un ensemble plus vaste. Voir la Timeline de Twitter ou de Facebook, naviguer dans l'historique de ses SMS ou encore explorer un mot-clé sur Flickr sont autant d'occasions de se sentir connecté à de l'humain. Les messages exprimés peuvent nous être incompréhensibles, les images peuvent renvoyer à des évènements dont nous ignorons tous, nous les vivons comme des témoignages rassurants. Nous les comprenons en profondeur parce que, malgré la diversité des rites, des coutumes, des lieux, ils sont le fait d'autres hommes.

2- Les jeux vidéo sont des expériences sociales

Eve Online est un MMORPG qui s'appuie sur l'imaginaire des *space operas*. Les joueurs pilotent des vaisseaux et peuvent endosser des carrières militaires ou commerciales. Ils peuvent se consacrer à la collecte des ressources, à leur raffinement ou encore la recherche scientifique. Les objets produits et les connaissances acquises pourront être vendus dans une des nombreuses stations spatiales. La valeur des biens varie en fonction de l'offre et de la demande. Certains joueurs ont choisi d'être des pirates. Ils attaquent dans les zones non sécurisées tout vaisseau susceptible de leur faire gagner de la monnaie du jeu. D'autres sont des soldats, et mettent au service de leur faction leurs vaisseaux et leurs talents de pilotes.

La spécificité et l'intérêt du jeu tiennent pourtant moins dans le pilotage des vaisseaux que dans la vie politique et sociale qui s'y déroule. Les joueurs se regroupent au sein d'immenses corporations qui elles-mêmes forment des alliances. Les corporations se mènent une guerre sans merci pour le prestige et le contrôle des territoires et l'histoire d'*Eve* est riche en complots, coups d'éclat, et rebondissements qui font le bonheur des joueurs.

De 2005 à 2008, l'univers du jeu a été tenu en haleine par une guerre entre les deux plus grandes alliances du jeu. D'un côté, Band of Brothers (BoB), une des grandes corporations du moment qui en imposait par sa richesse et la rigueur de son organisation. En face, Goonswarm (littéralement : essaim d'imbéciles) ressemblait à un rassemblement hétéroclite agissant sur des coups de tête et ne semblant pas avoir de stratégie à long terme. Les *goons* sont connus pour leurs blagues et leurs provocations qui les rendent aux yeux des autres hilarants ou platement idiots. Les premières batailles sont à l'avantage du géant Band of Brothers. Mais les *goons* engagent multitude de petits vaisseaux, rapidement produits, et peu onéreux. La stratégie est payante. BoB se retire du combat et stabilise le front sur ses bases arrière. À l'abri de ses immenses stations spatiales, adossé à des ressources produites par une chaine de production bien rôdée, le géant espère que le temps jouera en sa faveur. Derrière les épais murs de ses citadelles, il construit de nouvelles alliances pour venir à bout de son chaotique adversaire.

Pourtant, la situation va se retourner une nouvelle fois. Alors que rien ne le laissait prévoir, le chef des Band of Brothers passe à l'ennemi. Il démantèle son groupe, vide les caisses, vole le vaisseau mère, et rejoint la bande Goonswarm. Les forums de discussion de BoB sont hackés et les coulisses de sa diplomatie sont rendues publiques. Les fuites font scandale partout dans le monde d'*Eve* et provoquent des dissensions dans les plus grandes corporations En 2009, BoB est finalement détruite après une ultime bataille. La plus longue guerre du cyberespace se termine.

Le 11 septembre 2012, elle a un addendum tragique. La mission diplomatique Lybienne des États-Unis en est attaquée et quatre personnes sont tuées. Un certain Sean Smith fait partie des victimes. Dans *Eve Online*, il était connu sous le nom de « Vile Rat » et était membre de Goonswarm. Il était profondément investi dans le jeu et ses talents de diplomate ont contribué à faire et défaire les grands équilibres de *Eve*. Il a sans doute contribué aux négociations qui ont conduit à la chute de BoB. Il était aussi membre du Conseil de gestion stellaire qui fait le lien entre les joueurs et l'éditeur de jeu. L'annonce de sa mort a provoqué un choc dans les communautés de *Eve Online* et de *Something Awful*. Une souscription organisée pour la famille a amassé en quelques jours plus de 100 000 dollars, et des témoignages de sympathie et des anectdoctes emplissent des dizaines de pages du forum *Something Awful*.

L'histoire de Sean Smith montre deux choses. La première est que l'on peut être membre d'un des groupes les plus remuants de l'internet et mener une carrière professionnelle tout ce qu'il y a de plus normale. Les jeux vidéo ne rendent pas idiots. La seconde est que l'expérience des jeux vidéo est pour sa plus grande part une expérience sociale. Les vaisseaux spatiaux, les pouvoirs magiques, ou les armes puissantes ne sont que des prétextes pour créer une histoire avec d'autres joueurs. En fin de compte, les joueurs s'en soucient peu. Ils investissent bien davantage l'immense complexité des relations humaines qui se créent à l'occasion du jeu. Plus le nombre de joueurs participant à l'histoire est important, plus le défi est élevé, plus la complexité sociale est grande, plus le plaisir à jouer est important. Finalement, les jeux vidéo ne sont que des cathédrales sociales.

On pourrait objecter que ce qui est valable pour un adulte n'est pas nécessairement vrai pour un enfant. La construction psychologique d'un adulte est achevée, et c'est avec ses compétences d'adulte qu'il investit le jeu vidéo. Mais est-ce vrai pour un enfant ? Les enfants investissent les jeux vidéo pour leurs aspects sociaux ou ceux-ci sont-ils des obstacles au développement de leurs relations sociales ?

En 2008, l'institut de sondage américain Pew Internet & American Life Project a fait une vaste enquête[16] pour mieux comprendre l'impact des jeux vidéo sur la jeunesse. L'enquête permet d'aller un peu plus loin que le stéréotype de l'adolescent jouant seul dans sa chambre à des jeux vidéo violents.

16. *Cf.* « Teens, Video Games and Civics », sur www.pewinternet.org.

Les jeux vidéo sont devenus universels chez les enfants et les adolescents. Ils sont utilisés pratiquement quotidiennement par les garçons et par les filles. Dans une grande majorité des cas, les enfants jouent avec des personnes qui sont dans la même pièce qu'eux. Lorsqu'ils jouent en ligne, leurs partenaires de jeu sont presque une fois sur deux des personnes qu'ils connaissent. Contrairement à ce que l'on a pu craindre, les jeux vidéo n'isolent pas les enfants. Ils ne détruisent pas les liens déjà formés. Ils donnent au contraire des occasions de rencontre et d'échange dans de nouveaux contextes.

Jouer avec un père, lui venir en aide lorsqu'il est en difficultés, observer comment il réagit devant la victoire ou la défaite est pour les enfants des moments précieux et formateurs. Le jeu permet de faire apparaitre des aspects de soi. Les enfants peuvent découvrir l'avidité d'un parent, sa soif infantile de possession. Ils peuvent aussi s'émouvoir de sa fragilité, ou au contraire découvrir chez leur partenaire une pugnacité qui leur était inconnue. Tous les éléments découverts au détour d'un jeu contribuent au travail de grandir des enfants.

Le Pew Internet a tenté de voir comment le jeu vidéo pouvait interagir avec l'insertion sociale des jeunes. Ils ont pris des critères comme le fait de participer à des œuvres caritatives, faire du bénévolat, ou s'informer sur la vie politique en général. Ils n'ont pas trouvé de lien entre la vie civique et le temps passé à jouer. En revanche, plus l'adolescent rencontre dans le jeu des questions pro-sociales, comme aider les autres ou poser des questions éthiques, plus il a tendance à être engagé dans sa vie hors ligne. Cela est aussi vrai pour les adolescents qui aiment participer aux forums de discussion ou blogue. Il s'agit de corrélations : il n'est pas possible de dire si ce sont les adolescents ayant une fibre sociale qui vont vers des jeux vidéo avec lesquels ils vont satisfaire leurs désirs prosociaux, ou bien si certains jeux encouragent cette fibre et donc ont des effets sur l'investissement social. Mais cela montre que les jeux ne provoquent pas de coupure avec le monde hors ligne.

La vie sociale n'est pas faite que d'entraide et de souci de l'autre. L'agressivité, la stigmatisation ou la violence font partie de nos vies groupales et ces questions sont également rencontrées en ligne. Elles le sont d'autant plus facilement que le pseudonymat a un effet de désinhibition. Les adolescents sont tour à tour acteurs et victimes de l'agressivité des autres. Le sexisme des *gamers* est également si récurrent que nombreuses sont les joueuses qui masquent leur identité.

Le psychologue Douglas Gentile a poussé l'investigation un peu plus loin que l'enquête du Pew Internet. Il a examiné les jeux vidéo violents en fonction des conduites prosociales qu'ils suscitent[17]. En effet, dans ces jeux, la victoire ne peut être obtenue qu'avec l'aide des autres. Les joueurs doivent donc faire preuve d'une bonne connaissance des rôles de chacun. Ils doivent également faire preuve de suffisamment d'empathie pour pouvoir anticiper les mouvements de leurs partenaires et de leurs adversaires. Il retrouve un lien entre des conduites prosociales en jeu et hors-jeu. Une étude longitudinale a montré que le jeu prosocial était un bon prédicateur des conduites prociales que les joueurs pouvaient avoir

17. *Cf.* « The effects of prosocial video games on prosocial behaviors: International evidence from correlational, longitudinal, and experimental studies », sur www.psychology.iastate.edu.

quelques années quelques années plus tard. Cet effet a été montré quelques années plus tard en laboratoire. Il semble donc bien que le média participe à court et à long terme.

Jouer à un jeu vidéo, c'est être en lien avec d'autres. Les relations établies autour et dans le jeu peuvent avoir des aspects positifs, comme lorsqu'elles encouragent à écrire des fictions, à faire des comptes rendus, ou à bricoler le jeu vidéo pour obtenir des avantages (*cheat codes*) ou pour créer des *machinima*. Elles peuvent avoir des effets douloureux ou négatifs lorsqu'elles permettent l'agression ou la stigmatisation.

L'image d'un enfant jouant seul et isolé des autres du fait des jeux vidéo est sans doute à réviser. Pour la plupart des adolescents, le jeu vidéo est d'abord une activité sociale. Le jeu solitaire existe encore, bien entendu, mais les jeunes préfèrent jouer avec d'autres personnes. Contrairement à ce qui a pu être craint, le jeu sur internet n'a pas fait disparaître les anciennes modalités de jeu. Les générations précédentes se retrouvaient autour d'un *Monopoly*, celles d'aujourd'hui se retrouvent autour d'une console de jeu ou d'un ordinateur. Dans les deux cas, l'essentiel est dans le plaisir de se retrouver entre amis.

Conclusion

Une manière d'apprivoiser le futur

Les jeux vidéo dépassent en termes de budget et de public tout autre média culturel. Ils font partie du front numérique qui modifie profondément les rapports institués au savoir, à l'information, à la communication ou à l'autorité. Ils ont installé de nouveaux paysages au cœur de notre quotidien.

Ce livre redresse les préjugés qui sont faits aux jeux vidéo. Il montre que les pratiques vidéo ludiques sont prises dans des rhétoriques qui les présentent tantôt comme facteurs de progrès, tantôt comme obstacles au développement personnel. L'idée selon laquelle les jeux vidéo suscitent de la dépendance et de la violence relève de la psychologie populaire. Les études dessinent un portrait beaucoup plus complexe. Aucun jeu vidéo ne transforme quelqu'un en un meurtrier, mais les meurtriers peuvent jouer aux jeux vidéo. Si l'idée d'une relation directe des jeux vidéo sur une personne se maintient, c'est du fait de l'établissement de paniques morales, et de la force des métaphores.

Les jeux vidéo sont prisés parce qu'ils favorisent chez le joueur la motivation intrinsèque. L'impression de liberté, d'efficacité, de compétence, qu'ils suscitent, et la satisfaction de besoins psychologiques de base en font des objets de plaisir presque parfaits. Les jeux vidéo sont avant tout des médiateurs. Ils jouent un rôle dans les fonctionnements individuels en permettant, par exemple, de maitriser de l'angoisse ou de mieux intégrer sa personnalité. Ils jouent également un rôle à l'intérieur des familles en étant des médiateurs intergénérationnels

Enfin, les jeux vidéo sont des expériences sociales. Ils le sont d'abord parce que jouer avec un jeu vidéo, c'est jouer avec d'autres. Ils le sont ensuite parce que le jeu permet de découvrir des proches et de se découvrir avec eux sous des jours nouveaux.

Invité à l'émission Philosophie sur la chaîne Arte pour parler du jeu, le philosophe Colas Duflo est tombé en arrêt devant une immense photographie qui montre un groupe de joueurs à une *LAN party*[18]. « Ils ont des têtes d'abrutis », commente-t-il. Le propos est symptomatique de l'écart qui s'est creusé en France entre des élites et les mondes numériques. Ce commentaire laisse un gout amer. Il montre qu'un travail de transmission ne se fait pas. Il pointe une attaque en règle des pères contre les fils. Toute culture est basée sur la transmission. Les temps présents sont particuliers parce que les parents doivent transmettre à leurs enfants des éléments qu'ils ne maîtrisent pas tout à fait, ou dont ils imaginent que leurs enfants les maitrisent déjà. Ce n'est cependant pas l'aspect décisif. On a déjà vu des parents soutenir des transmissions dont ils ignorent tout, comme lorsque des parents illettrés dans la langue du pays d'accueil soutiennent

18. Une *LAN party* est un évènement rassemblant des personnes dans le but de jouer à des jeux vidéo en utilisant un réseau local (*local areas network*).

la scolarité de leurs enfants. Si aujourd'hui, les illettrés des écrans ne soutiennent pas les apprentissages de leurs enfants, c'est plutôt dû à une position de mauvaise foi qui a décidé par avance que ce qui vient des écrans est à priori suspect.

Il est une autre raison qui laisse à ces « têtes d'abrutis » un goût amer. Alors qu'une génération se prépare à gérer la gabegie de l'après-guerre, alors que nous prenons petit à petit conscience d'une fin possible que l'humanité, alors que nous avons plus que jamais besoin de nous appuyer sur les acquis de culture du passé, ceux qui doivent soutenir les transmissions s'en font les fossoyeurs. Les pères attaquent les plaisirs des fils, et tournent le dos aux intérêts des enfants. Ils se refusent de porter la culture. Ils se font thanatophores.

Pour la nouvelle génération, c'est un coup terrible. C'est toujours un obstacle pour une génération que d'avoir à grandir dans l'opprobre de la génération qui l'a précédé. Tout homme a besoin de se sentir en lien avec ce qui le précède. Tout homme est aidé dans son développement lorsque ses actes reçoivent l'accord de ses pairs.

Les jeux vidéo ne sont pas une activité vaine et stérile. Ils sont des manières de se mettre en lien avec soi-même et avec les autres. Mais ils sont aussi plus que cela. Ils sont une manière d'apprivoiser le futur. Il est évident que l'humanité aura de plus en plus à vivre au contact d'écrans et de machines, et que les frontières entre les uns et les autres vont être remodelées.

Achevé d'imprimer en octobre 2012
Imprimé en France sur les presses de l'imprimerie France Quercy
Dépôt légal : octobre 2012
ISBN : 978-2-916571-86-7